CONTEÚDO INTERNO DA SENTENÇA

EFICÁCIA E COISA JULGADA

SÉRIE ESPECIALIZAÇÃO EM
PROCESSO CIVIL

Projeto editorial
Livraria do Advogado Ltda.
Curso de Especialização em Direito Processual Civil
(Pontifícia Universidade Católica do Rio Grande do Sul)

Comissão editorial
Prof. Ovídio A. Baptista da Silva
Prof. Sergio Gilberto Porto
Prof. Fábio Luiz Gomes

M827c   Moraes, Paulo Valério Dal Pai
        Conteúdo interno da sentença: eficácia e coisa julgada/
Paulo Valério Dal Pai Moraes. — Porto Alegre: Livraria do
Advogado, 1997.
        112 p.; 14 x 21 cm. — (Série Especialização em Processo
Civil; 2)

        ISBN 85-7348-015-7

                          CDU 347.95
                                  347.953

        1. Sentença judicial. 2. Coisa julgada. I. Título.
II. Série.

        Índice para catálogo sistemático:

        Coisa Julgada
        Sentença judicial

(Bibliotecária responsável: Marta Roberto, CRB 10/652)

SÉRIE ESPECIALIZAÇÃO EM
PROCESSO CIVIL

Paulo Valério Dal Pai Moraes

2
CONTEÚDO INTERNO DA SENTENÇA

EFICÁCIA E COISA JULGADA

livraria
DO ADVOGADO
editora

1997

© Paulo Valério Dal Pai Moraes, 1997

Capa, projeto gráfico e diagramação
Livraria do Advogado / Valmor Bortoloti

Revisão
Rosane Marques Borba

Direitos desta edição reservados por
Livraria do Advogado Ltda.
Rua Riachuelo, 1338
90010-273   Porto Alegre   RS
Fone/fax (051) 225 3311
E-mail: liv_adv@portoweb.com.br

Impresso no Brasil / Printed in Brazil

Dedico este trabalho ao meu
pai *Mondercil Paulo de Moraes*
e à minha esposa *Andréa*,
como singelo agradecimento
pela força espiritual a mim,
constantemente, proporcionada.

Prefácio

A temática relativa à coisa julgada continua a desafiar os estudiosos, como uma das questões mais importantes e difíceis de todo o Direito Processual Civil. As novas tendências deste ramo do direito que o afastam cada vez mais do direito privado, no sentido de torná-lo um direito público, de cunho social, longe de reduzir a importância do instituto da coisa julgada, tornou-o ainda mais relevante, acrescentando à problemática tradicional novas e intrigantes questões, a demandarem respostas.

O estudo que ora vem a público, de autoria do jovem e promissor jurista rio-grandense *Paulo Valério Dal Pai Moraes*, integra a coleção organizada pela Livraria do Advogado Editora para divulgar os trabalhos dos alunos do Curso de Especialização em Direito Processual Civil da Pontifícia Universidade Católica do Rio Grande do Sul, está dedicado a dois problemas dos mais sugestivos e difíceis de quantos formam esta controvertida problemática relativa à coisa julgada. O autor não se contentou em enfrentar, com decisão e coragem, o problema dos limites objetivos da coisa julgada, já por si inçado de dificuldades, mas com igual destemor, decidiu tratar do problema do *conteúdo da sentença*. Na verdade, estas duas questões estão intimamente relacionadas entre si, a ponto de não se poder discutir nenhuma delas sem teorizar sobre a outra. Mesmo assim, nem todos os que abordam o tema clássico dos *limites objetivos* se aventuram a desafiar, explicitamente, o problema do *conteúdo da sentença*, como o fez o autor, ao colocar, já no título da obra, esta ambiciosa destinação de seu trabalho.

Em geral a doutrina não tematiza o problema relativo à determinação do que deve formar o *conteúdo* da sentença, limitando-se a pressupô-lo, ora como sendo formado pelo efeito declaratório apenas, ora acrescentando a este o efeito constitutivo, considerando as demais eficácias como formadores de efeitos externos do ato jurisdicional, não como componente de seu conteúdo.

Este modo de ver o problema harmoniza-se com a doutrina dominante e com a concepção de nosso Código de Processo Civil, que separam o fenômeno jurisdicional em *processo de conhecimento* e *processo de execução*, segundo o princípio de que ao primeiro cabe a declaração da norma jurídica incidente e que haverá de regular o conflito submetido a julgamento; enquanto ao *processo excutivo* há de caber a função de tornar efetivo o enunciado sentencial, realizando as *operações práticas* indispensáveis a transformar o *dever ser* da norma jurídica aplicada pela sentença em realidade. Tal concepção, no entanto, segundo nosso ponto de vista, mutila o *conteúdo* da sentença, reduzindo-o quando muito às suas duas eficácias apenas normativas, com exclusão dos efeitos executivo e mandamental, que haverão de integrar igualmente o conteúdo do ato jurisdicional, pois tanto as sentenças condenatórias *contêm* (possuem em seu conteúdo) eficácia executiva quanto, com evidência ainda mais indiscutível, a possuem as sentenças proferidas nas ações propriamente executivas, como se dá na ação de desejo, na ação de reivindicação, na imissão de posse e na ação de depósito. E não seria sequer imaginável que a realização do efeito executivo não proviesse de um *verbo* formador do *conteúdo* da sentença. O mesmo se dá com as sentenças *mandamentais*. Basta ver o paradigma desta espécie de tutela jurisdicional, que é nosso mandado de segurança. Ninguém porá em dúvida que a ordem para que se expeça mandado é porção do *conteúdo* da sentença que julga procedente a ação de mandado de segurança.

Mesmo divergindo de nosso entendimento, quanto à abrangência da indiscutibilidade própria da coisa julgada, o autor aceita que o conteúdo da sentença não se limite àqueles efeitos, exclusivamente *normativos*, o que lhe permite, sem dúvida, superar a clássica dicotomia processo-de-conhecimento, processo-de-execução, resultado significativo, pois, a partir dessa premissa é possível fazer com que a sentença, vale dizer, o ato jurisdicional típico, enriqueça-se de novos conteúdos.

Trata-se de contribuição significativa, elaborada com seriedade, fruto de pensamento original, que contribuirá, sem dúvida, para o debate sobre esse importante tema, tão permanente e desafiador, dos limites objetivos da coisa julgada.

A obra certamente chamará a atenção dos estudiosos e terá o sucesso que merece.

Porto Alegre, outubro de 1996.

Ovídio A. Baptista da Silva

Sumário

1. Introdução 13
2. Conceito de jurisdição 17
3. Fundamentos da coisa julgada 22
   3.1. Fundamento político 23
   3.2. Fundamento de ordem jurídica. Teoria da presunção da verdade (Pothier) 24
   3.3. Teoria da ficção da verdade (Savigny) 24
   3.4. Teoria da força legal (Pagenstecher) 25
   3.5. Teoria da eficácia da declaração (Hellwig) 26
   3.6. Teoria da extinção da obrigação jurisdicional (Ugo Rocco) ... 27
   3.7. Teoria da vontade do Estado (Chiovenda) 30
   3.8. Teoria de Carnelutti 31
   3.9. Teoria de Liebman 31
4. Doutrinas materialísticas e processualísticas 35
5. Coisa julgada material, coisa julgada formal e preclusão ... 39
   5.1. Função positiva e negativa da coisa julgada 44
6. A Doutrina e o conceito de coisa julgada 47
7. O objeto litigioso na demanda civil 63
8. Comentários de João de Castro Mendes sobre o assunto 67
9. Questões preliminares e prejudiciais 71
   9.1. Questões preliminares e questões prejudiciais 73
   9.2. Questões incidentais e outros tipos de questões 74
   9.3. Questão prejudicial, causa prejudicial e ponto prejudicial ... 77
10. O Artigo 468 do CPC 79
11. Decisões que não produzem coisa julgada 85
12. O Artigo 469 do CPC 91
13. O Artigo 470 do CPC 93
14. Do Artigo 471, sentenças determinativas ou continuativas ... 97
15. Conclusão 101
Bibliografia 107
Índice analítico 109
Índice onomástico 113

1. Introdução

Nos primórdios da civilização, quando ainda não existia consciência coletiva relativamente à necessidade de uma organização eficaz entre as relações pessoais, vigorava a autodefesa ou vingança privada. Nesse estágio inicial do convívio em sociedade, fica claro que a justiça, como resultado efetivo de uma precisa adoção de critérios de certeza e correção, ficou relegada a um segundo plano, tendo em vista que os conflitos eram dominados e "resolvidos" com a prevalência maior da emoção humana em relação ao raciocínio, com óbvia conclusão de que o contendor fisicamente mais forte venceria.

As sociedades passaram a sentir a falta de critérios seguros e efetivos. Segundo as palavras de J.J. Calmon de Passos!1 • a"necessidadedepacificarogrupoederestabelecer, em benefício dele, a ordem jurídica ameaçada ou violada, levou o Estado a iniciar sua intervenção no campo da administração da justiça, podendo-se dizer que a história da luta contra a autodefesa é a história do Estado e da própria civilização humana."

Tal intervenção foi atribuída ao Estado, pois este seria o único com capacidade organizacional evidente e com unidade suficiente para concentrar a resolução dos problemas interpessoais, todas estas características subsumidas no conceito de soberania.

---

[1] *Da Jurisdição*, Cap. II. Ed. Progresso, 1957, p. 10.

Com efeito, Giuseppe Chiovenda[2] definiu que "A soberania é o poder inerente ao Estado, quer dizer, à organização de todos os cidadãos para fins de interesse geral. Mas esse poder único insere três grandes funções: a legislativa, a governamental (ou administrativa) e a jurisdicional."

De acordo com suas palavras, portanto, a jurisdição é exclusivamente pertinente à soberania do Estado.

Surge, assim, a *Jurisdição*, como função ímpar do Estado, única capaz de substituir os entes integrantes da sociedade organizada, com vistas à realização da pacificação comentada por Calmon de Passos.

Surgem, assim, também, os primeiros esboços do Estado de Direito, no qual todo poder emana do povo e é em nome dele exercido, ficando como marca suprema de tal concreção o caráter substitutivo da atividade estatal em relação aos componentes do grupo social.

Apenas ilustrando um pouco mais esta questão, não podemos, obviamente, desvincular a atividade de resolução dos conflitos intersociais do conceito de democracia, ou seja, de governo do povo.

E a razão é muito simples, já que a necessidade de um "governo do povo" encontra resposta na própria necessidade que este "povo" tem de viver melhor e com menos atritos internos, tudo com vistas à observância da "Lei Natural" da preservação das espécies. No mundo animal, tal não é possível de maneira racional, por motivos evidentes, mas entre os "homens" a lei do mais forte, obviamente, não poderia perdurar.

A democracia, então, como patamar supremo do desenvolvimento organizacional humano, teria sua origem e como um dos seus pilares fundamentais a atividade jurisdicional, exercida substitutivamente pelo Estado, emergindo deste fenômeno jurídico e social os conceitos

---

[2] *A Função Jurisdicional, Instituições de Direito Processual Civil*, Vol. II, § 19, Saraiva, 1942, p. 13.

de legalidade e de legitimidade, que informam a definição de Estado de Direito.

Com efeito, no mundo contemporâneo, a idéia mesma de Estado de Direito está indissoluvelmente ligada à democracia. Esta, por sua vez, teria como características o "poder que emana do povo", as autoridades exercendo este poder em representação e, por fim, as autoridades pelo e para o povo, objetivando o bem comum, resultado este supremamente desejado.

Conclui-se, portanto, que o bem comum, objetivo final e maior da busca incessante pela democracia, é o único dogma aceitável, a única verdade real, sendo, por isso mesmo, o ponto inicial dos estudos sobre a jurisdição e, mais adiante, da própria coisa julgada, como mecanismo básico de segurança e de certeza.

2. Conceito de jurisdição

De suma importância para a obtenção dos conceitos fundamentais que levarão ao entendimento da coisa julgada, dos seus limites objetivos e também subjetivos, é definir o que seja "jurisdição", conforme já visto, um dos pilares da democracia.

Para alguns doutrinadores, a própria caracterização da jurisdição estaria na possibilidade de tal atividade estatal resultar em "coisa julgada", procurando, assim, diferenciar a atuação jurisdicional da administrativa, esta igualmente exercida pelo Estado.

Gian Antonio Micheli[3] realiza crítica a Allorio, dizendo que "La concepción más rigurosa y consigniente de Allorio, mientras admite, como es sabido, que existe una diferencia entre jurisdicción y administración, la reduce después a la existencia de la cosa juzgada, la cual caracterizaria precisamente el acto jurisdiccional, y no tanto el acto administrativo." Adiante, explica o autor, na página 122 da mesma obra, que "el derecho positivo no esgota en la declaración de certeza ni en la cosa juzgada el carácter esencial de la jurisdicción; tanto es así que regula y distribuye el poder jurisdiccional respecto de otros tipos de proceso", como é o caso dos procedimentos de jurisdição voluntária, os quais não fazem coisa julgada.

Em que pese ser relevante a coisa julgada para a conceituação de jurisdição, não é fundamental, pois outros

---

[3] *Derecho Procesal Civil*. Vol IV. Buenos Aires: Ejea, 1970, p. 120, (traduzido por Santiago Sentis Melendo).

elementos devem ser agregados àquele, para que seja obtida uma definição ao menos segura.

Para Giuseppe Chiovenda[4] jurisdição pode ser definida como "a função do Estado que tem por escopo a atuação da vontade concreta da lei por meio da substituição, pela atividade de órgãos públicos, da atividade de particulares ou de outros órgãos públicos, já no afirmar a existência da vontade da lei, já no torná-la, praticamente, efetiva."

Segundo o Eminente Professor Ovídio Baptista da Silva[5], existem dois pressupostos básicos para caracterizar jurisdição: "a) o ato jurisdicional é praticado pela autoridade estatal, no caso pelo juiz, que o realiza por dever de função, o juiz ao aplicar a lei ao caso concreto pratica essa atividade como finalidade específica de seu agir, ao passo que o administrador deve desenvolver a atividade específica de sua função *tendo a lei por limite de sua ação*, cujo objetivo não é a aplicação simplesmente da lei ao caso concreto, mas a realização do bem comum, *segundo o direito objetivo*; b) o outro componente essencial do ato jurisdicional é a condição de *terceiro imparcial* em que se encontra o juiz com relação ao interesse sobre o qual recai a sua atividade."

Calmon de Passos, por sua vez[6], informa que se etimologicamente jurisdição significa dizer o direito (*juris* e *dictio*), relativamente ao seu conteúdo envolve as faculdades de instrução, decisão e coerção, atividades estas exercidas de maneira "especial, concreta e declarativa" (p. 18), dado que a um caso singular o Estado-Juiz declarará qual a lei que será aplicada, concretizando este comando abstrato.

Mais adiante, na mesma obra citada, J.J. Calmon de Passos menciona que "A atividade jurisdicional é sempre

---

[4] *Instituições de Direito Processual Civil*, vol. II, par. 19. Saraiva, 1942, p. 11.
[5] *Curso de Processo Civil*, vol. I. Sergio Fabris, p. 28 e 29.
[6] *Da Jurisdição*, Progresso, 1957, p. 15.

uma atividade de substituição – é a substituição de uma atividade pública a uma atividade alheia, a substituição definitiva e obrigatória da atividade intelectiva do particular pela atividade intelectiva do juiz". Ainda, neste particular, informa Calmon de Passos que "o objetivo do Juiz é fazer observar o direito pelas partes, ao passo que o administrador observa o direito como um meio para conseguir fins de caráter social. Ou, como se expressa Alsina: o ato administrativo é atividade técnica, enquanto o ato jurisdicional é atividade jurídica."

Obviamente sem pretender esgotar o tema sobre a jurisdição, mas apenas dar substrato jurídico aos argumentos que desejamos dar seguimento, nos conceitos expostos emergem os principais elementos caracterizadores da atividade jurisdicional, os quais precisam ser separadamente identificados, a fim de possibilitar uma melhor compreensão de o que seja esta atividade de "dizer o direito".

Percebe-se, portanto, que a jurisdição é uma função exercida pelo Estado, que está na dependência de ser iniciada por quem dela necessite. Ou seja, o Estado-Juiz, em observância ao princípio processual dispositivo, deve aguardar seja movimentada sua máquina apropriada, a fim de que, para determinada situação, litigiosa ou não, surgida, seja declarado o direito aplicável.

Difere, portanto, da atuação administrativa, uma vez que esta, como regra, pode ser exercida por iniciativa própria, devendo o Estado-Administrador fazer tudo aquilo que seja obrigatório por lei, relativamente à sua atividade.

Desta última afirmação já emerge outro requisito fundamental, qual seja, o fato de que a administração age conforme a lei, tendo esta como limite, ao passo que na função jurisdicional o agir conforme a lei é a própria finalidade.

Tendo a atividade jurisdicional a finalidade de aplicar a lei, tal somente poderá acontecer em um processo, ao passo que a atividade administrativa acontecerá em um procedimento.

O Juiz age, ainda, como um terceiro imparcial, recebendo dos "particulares" as alegações que embasam suas pretensões e procurando dar solução ao caso da maneira mais precisa e justa que o direito aplicável prevê. Na atividade administrativa isto não ocorre, inexistindo um terceiro agente imparcial, já que ela é exercida em nome próprio, a fim de satisfazer um interesse próprio.

Atuando a função jurisdicional com o objetivo de satisfazer um interesse de outrem, chegamos à principal característica da atividade jurisdicional, qual seja, o fato de que ela é exercida em *substituição* aos "particulares", diversamente da função administrativa, porque esta é praticada originariamente, sendo que a administração age em nome próprio, visando a atender interesses, na forma salientada, próprios da coletividade.

Entendemos ser esta a nota fundamental para definir jurisdição, porque nela está a motivação inicial que culminou na necessidade de organizar o Estado na atualidade, sendo um dos principais alicerces do Estado de Direito.

Com efeito, quando surgiram os primeiros organismos estatais constituídos, foi retirada a possibilidade de os particulares realizarem a resolução dos seus problemas pelas próprias mãos, pelo que a compensação lógica para tal imposição, no dizer de Calmon de Passos, aplicação autoritativa do direito, somente poderia ser a execução de tudo aquilo que fosse bastante para solucionar eventual conflito ou dúvida surgidos, em substituição àqueles.

Fala-se em "particulares", estando neles abrangida a própria administração, pois em muitos casos ela terá de buscar no Poder Judiciário, como qualquer particular, que sejam dirimidas questões que lhe causam prejuízo.

Na atualidade, ficam mais evidentes as características das funções estatais comentadas, haja vista que a administração interveio imensamente na iniciativa privada e, em alguns casos, indevidamente, deixando de atuar diretamente em prol do bem comum, para atuar muito mais como um empresário, explorando atividades econômicas, obtendo lucros e prejuízos.

Embora deva obediência ao primado do interesse público, certamente a administração nem sempre possui tal objetivo, o que é manifesto em inúmeros processos judiciais nos quais ela aparece como autora ou ré.

A jurisdição é, portanto, uma atividade estatal imprescindível ao Estado de Direito, pela qual é realizada a concretização da lei, em substituição aos particulares e à administração, com vistas à obtenção da paz social e da própria preservação do gênero humano.

3. Fundamentos da coisa julgada

Não há como falar de coisa julgada sem a presença conceitual de jurisdição, conforme pôde ser visto anteriormente.

Também não há como atingir a proximidade de uma definição quanto à conceituação de tema tão complexo, sem que sejam conhecidos seus fundamentos, suas bases jurídicas, sociais, políticas e até mesmo históricas.

Partimos, então, do artigo 467 do Código de Processo Civil, o qual teve a pretensão de esclarecer sobre o conceito de coisa julgada material, conseguindo, entretanto, apenas definir o que seja coisa julgada formal. Aliás, o comentário de Ada Pellegrini Grinover, constante no livro de Enrico Tullio Liebman!7 • ,é bastante claro neste sentido, ao afirmar que "A distinção entre coisa julgada material e coisa julgada formal é pacificamente aceita por todos os processualistas brasileiros, devendo, por isso mesmo, lamentar-se a redação defeituosa do art. 467, CPC, que, a pretexto de definir a coisa julgada material, acaba dando o conceito da coisa julgada formal."

Neste artigo, temos palavras que falam em eficácia, imutabilidade, indiscutibilidade e impossibilidade de recorrer da Sentença, expressões que passam a ser exploradas com profundidade, objetivando encontrar o fundamento maior da coisa julgada material.

---

[7] *Eficácia e Autoridade da Sentença e Outros Escritos Sobre a Coisa Julgada*, 3ª ed., Forense, p. 9.

Seguimos, então, a orientação traçada por Moacyr Amaral Santos[8], quando é declarado que "a doutrina a respeito, oferece duas ordens de fundamentos: uma de ordem política, outra de ordem jurídica."

3.1. FUNDAMENTO POLÍTICO

Encontra respaldo tal posição no fato de que as relações interpessoais, muitas vezes dividindo, permutando, criando ou simplesmente realizando a circulação dos bens da vida, necessitam de relativa estabilidade e segurança, tudo com vistas à continuidade de desenvolvimento.

Assim, não haveria progresso econômico e social, caso as contendas surgidas nas atividades supramencionadas não fossem definitivamente solucionadas, ficando pacificado o convívio coletivo.

A busca da justiça, portanto, "não pode ser indefinida, mas deve ter um limite, por uma exigência de ordem pública, qual seja a estabilidade dos direitos, que inexistiria se não houvesse um termo além do qual a sentença se tornasse imutável. Não houvesse esse limite, além do qual não se possa argüir a injustiça da sentença, jamais se chegaria à certeza do direito e à segurança no gozo dos bens da vida." (citação do livro acima mencionado).

Com estas precisas palavras do Mestre Moacyr Amaral Santos, fica fácil entender que as exigências sociais necessitam desta segurança e definitividade.

---

[8] *Comentários ao Código de Processo Civil*. 6. ed., Vol. IV. Rio de Janeiro: Forense, 1994, arts. 332 a 475, p. 426.

3.2. FUNDAMENTOS DE ORDEM JURÍDICA TEORIA DA PRESUNÇÃO DA VERDADE DE POTHIER

Por esta teoria, surgida dos textos de Ulpiano e chegada até o Direito Francês por intermédio de Pothier, atingindo o Código de Napoleão, a autoridade da coisa julgada estaria na presunção de verdade contida na Sentença.

Segundo o magistério de Celso Neves[9], Pothier via "na coisa julgada uma espécie particular de presunção *iuris et de iure*, reservada aos julgamentos definitivos que contêm, ou uma condenação, ou uma absolvição.". "...As decisões provisionais e as interlocutórias não podem adquirir autoridade de coisa julgada."

Formularam os seguidores desta teoria a idéia de que a busca suprema do processo é a verdade, a qual, todavia, nem sempre pode ser alcançada, haja vista que muitas vezes os fatos embasadores da decisão final não são certos, definidos ou sequer verdadeiros, pelo que a sentença não conteria uma verdade, mas uma presunção de verdade que se sobreporia a todas as provas em contrário ("...*et cette présomption étant iuris et de iure, exlut toute preuve du contraire: Res iudicata pro veritate accipitur...*").

Resquícios desta teoria podem ser encontrados no Regulamento 737, de 1850, o qual é assim escrito: "São presunções legais absolutas ou atos que a lei expressamente estabelece como verdade, ainda que haja prova em contrário, como coisa julgada.".

3.3. TEORIA DA FICÇÃO DA VERDADE (Savigny)

Ainda consoante o magistério de Celso Neves, esta teoria foi o divisor entre a antiga e a nova doutrina sobre a coisa julgada.

---
[9] *Coisa Julgada*. São Paulo: Ed. Revista dos Tribunais, 1971, p. 131.

Partiu Savigny do problema de serem exaradas sentenças sem eqüidade, em contraponto existindo o sempre presente problema da necessidade de segurança jurídica, não podendo as contendas perdurar indefinidamente. Ponderando os prejuízos possíveis, concluiu o pensador que a incerteza é o mal maior, pelo que foi elaborada a teoria em questão, pela qual a sentença teria uma "força legal", que é exatamente a "ficção de verdade" que encerra em seus termos.

Esta concepção seria extremamente útil para a definição dos comandos das sentenças injustas, mas igualmente necessária para a não mais discussão das decisões justas.

Adiante na sua elaboração, o mestre Savigny informa que a *rei iudicatae* possui as funções negativa e positiva, sendo aquela o fenômeno jurídico pelo qual "uma sentença posterior não deve contradizer o conteúdo de uma sentença já pronunciada", enquanto a positiva ocorre quando "em uma nova lide há uma questão já decidida em lide anterior, o novo juiz deve admitir por verdadeiro o conteúdo da primeira sentença e tê-lo por base da sua própria decisão.".

Comentando o tema, Moacyr Amaral Santos diz que "a ficção é a aparência havida como verdade, mesmo quando não seja verdade. Donde a sentença produzir uma verdade artificial.".

3.4. TEORIA DA FORÇA LEGAL, SUBSTANCIAL, DA SENTENÇA (Pagenstecher)

Por esta teoria é dito que toda sentença, até mesmo a declaratória, é sempre constitutiva de direito, procurando Pagenstecher equiparar o ato sentencial a um contrato declaratório.

A sentença, portanto, geraria um direito novo, e não apenas declararia o direito incluso na lei. Aquele direito novo decorreria da certeza jurídica expressa na sentença, acrescida de um elemento a mais "que por força de lei se ajusta à sentença, tornando-a constitutiva de direito" (Moacyr Amaral Santos), sendo este adendo o que dá autoridade de coisa julgada.

Completando o entendimento, ensina Moacyr Amaral Santos que "o fundamento da coisa julgada está no direito novo, por força de lei criado pela sentença."

3.5. TEORIA DA EFICÁCIA DA DECLARAÇÃO ATRIBUÍDA AOS AUTORES ALEMÃES
(Hellwig e outros)

Para esclarecer com perfeição esta teoria, merecem transcrição as palavras de José Carlos Barbosa Moreira[10], quando comenta a posição de Hellwig:

"Partia ele da distinção entre duas classes de sentenças: as que se cingem a declarar autoritariamente uma situação jurídica (Feststellungsurteile) e as que modificam a situação preexistente, gerando efeitos jurídicos novos (konstitutive urtelle). Nas sentenças da segunda classe, a modificação jurídica forma o 'conteúdo imediato e característico', embora nelas também se contenha, implicitamente ao menos, a afirmação da existência do direito à modificação. Tal direito, porém, ao transitar em julgado a sentença, realiza-se e, do mesmo passo, exaure-se. Daí em diante, nela já não se poderá fundar a alegação de que o direito existe atualmente, senão apenas a de que ele existia, e por isso a modificação se consumou de maneira legítima."

"Apresenta a sentença constitutiva, pois, um conteúdo declaratório, que em regra só vale para as partes. Já a

---

[10] *Direito Processual Civil, Ensaios e Pareceres*. Rio de Janeiro: Editor Borsoi, 1971, p. 81.

modificação jurídica produz-se em face de todos. Na sentença condenatória ocorre fenômeno análogo: ela igualmente contém uma declaração (da obrigação de prestar) e outro elemento, a ordem de prestar (Leistungsbefehl), de que deflui para o vencedor a pretensão à execução (Vollsreckungsanspruch). Também a sentença condenatória, destarte, realiza uma modificação jurídica, o que permite equipará-la à constitutiva; e, assim como nesta, a modificação vale *erga omnes*, enquanto a declaração, de ordinário, apenas *inter partes*."

"Em que consistia para *Hellwig*, precisamente, o particular efeito só ligado ao elemento declaratório da sentença? Na indiscutibilidade ou incontestabilidade (Unbestreitbarkeit) de que se reforça a declaração a partir do trânsito em julgado, e que a torna vinculativa para todos os juízes. Eis aí, no pensamento do autor, a essência da coisa julgada (material)."

Em síntese, é a declaração constante na sentença que produz a certeza do direito, sendo esta teoria fundamental para o entendimento dos pontos que serão abordados no seguimento desta obra, especificamente quando for tratado do conceito de coisa julgada material, do conteúdo da sentença e das definições de eficácia e efeitos do ato sentencial.

3.6. TEORIA DA EXTINÇÃO DA OBRIGAÇÃO JURISDICIONAL (Ugo Rocco)

Este autor partiu de uma concepção eminentemente processual para justificar a coisa julgada material como sendo a posição, o momento em que o Estado adimple a sua obrigação de prestar jurisdição e de conceder o direito ao contraditório às partes.

Para Rocco, também decorrem da sentença efeitos sobre o direito substancial objeto da declaração, os quais, entretanto, são efeitos indiretos ou reflexos, não possuindo o condão de serem reconhecidos como jurídicos, mas meramente fáticos.

Ugo Rocco[11] assim expõe a sua posição:

"La cosa giudicata è, quindi, la principale e fisiològica causa di estinzione del diritto de azione civile di cognizione, e la principale e fisiològica causa di liberazione dall 'obbligo della giurisdizione civile di cognizione delle Stato'."

Como conclusão, o fundamento da coisa julgada estaria na extinção do direito de ação. Não pode ser novamente movimentada a máquina judiciária, em decorrência da coisa julgada, porque está vedada tal conduta, adimplida que já foi a obrigação estatal.

Neste particular é importante salientar a divisão muito bem explanada pelo Professor Ovídio Baptista da Silva[12], quando é esclarecido sobre o exercício da "ação" processual, tendo sido dito que:

"Aquele que age (exerce ação) no plano do processo absolutamente não pode prescindir da atividade do Estado para realização de seu direito à jurisdição. Ao contrário, o exercício da 'ação', aqui, é tanto o agir, quanto o 'exigir que o Estado aja', prestando tutela jurídica."

Mais adiante, na mesma obra, é feita citação de Liebman, quando é dito que o "direito de ação, corresponde a um agir dirigido contra o Estado, em sua condição de titular do poder jurisdicional e por isso, em seu exato significado, o direito de ação é, no fundo, o 'direito à jurisdição'".

Entendemos, então, que Ugo Rocco não deixa de ter razão ao reconhecer que a coisa julgada tem como resultado uma posição em que o Estado, "réu da ação de di-

---

[11] *L'Autorità Della Cosa Giudicata e i suoi Limiti Soggettivi.* Tomo I, Roma, 1917, p. 368 e 369.
[12] *Curso de Processo Civil.* Vol. I, 2. ed., Sérgio Antonio Fabris, p. 76.

reito processual", – a pretensão é dirigida contra ele – se desincumbiu de atuar, ou seja, adimpliu a sua obrigação jurisdicional.

Todavia, o enfoque é insuficiente e exclusivamente processual, não atingido o fulcro do problema, que é, precipuamente, a resolução dos aspectos substanciais, estes sim as "majestades" de toda a problemática, já que o objetivo maior da necessidade de certeza jurídica é a pacificação do convívio social.

Tal doutrina talvez possa explicar com segurança o princípio do *ne bis in idem*, comentado ao longo dos estudos sobre a coisa julgada, que nada mais é do que a impossibilidade de que o direito de ação (processual) e o direito ao contraditório sejam exercidos novamente.

Este último aspecto, do *ne bis in idem* pode melhor ser compreendido nas sentenças cautelares (precisamente cautelares e não liminares), as quais não adquirem a qualidade da *res iudicata*, mas, em princípio, não podem ser renovadas. Ou seja, tenho julgado improcedente uma ação cautelar de seqüestro. Posso novamente intentar a mesma ação, com as mesmas partes e o mesmo fundamento? Obviamente que não, mas não porque tenha se operado a coisa julgada. Arriscamos dizer que talvez tenha se operado o princípio do *ne bis in idem*, pelo qual, por uma questão evidente de economia processual, economia judiciária, é impedida a movimentação da máquina do Poder Judiciário para que seja reapreciada problemática já examinada, decidida, ou seja, porque o *Estado-juiz já adimpliu a sua obrigação de prestar jurisdição.*

Importante a doutrina ora analisada, conforme acima visto, pois abre caminhos para o entendimento de outros aspectos que emergem da problemática da coisa julgada.

3.7. TEORIA DA VONTADE DO ESTADO
(Chiovenda)

Procura a teoria examinar a Sentença como ato do Juiz e como ato do Estado.

Como ato do juiz, nada mais é do que um parecer, no qual consta um raciocínio sobre aspectos fáticos, técnicos e jurídicos, sem qualquer vinculação, caso não fosse por decorrência legal atribuído a esta conclusão o poder de ditar um comando, absolvendo ou condenando, constituindo ou executando, mandando ou, simplesmente, declarando. Estes comandos é que são, no dizer de Celso Neves!13 • a"expressãodavontadedodireitonocasoconcreto".

Continuando o ensinamento, afirma Celso Neves algo muito importante sobre a doutrina de Chiovenda, pelo que é transcrito:

"Por isso, não fala ele de coisa julgada senão a respeito da sentença de mérito, que é aquela que reconhece um bem de vida a uma das partes."

Mérito é julgado, portanto, sempre que o juiz se embrenhar na relação de direito material, definindo sobre questão relevante para a solução da contenda, o que traz à tona as pesadas críticas que, de maneira procedente, são feitas ao artigo 267 do Código de Processo Civil Brasileiro, quando trata da extinção do processo sem julgamento do mérito.

A sentença expressa, portanto, a vontade da lei ao caso concreto, ou seja, a vontade do Estado, ficando evidenciado, neste particular, a natureza pública do direito processual, quando procura, por razões de oportunidade e de utilidade social, atribuir certeza às incertezas que tenham surgido no relacionamento interpessoal.

---

[13] *Coisa Julgada Civil*, obra citada, p. 346.

Concluindo, define Moacyr Amaral Santos[14] que a teoria considera "como fundamento da autoridade da coisa julgada a vontade do Estado, que atribui à sentença a qualidade de ato estatal, irrevogável e de força obrigatória.".

3.8. TEORIA DE CARNELUTTI

Para Carnelutti, a Sentença teria um comando complementar com o qual se completa a eficácia da norma legal.

Em princípio parecida a concepção com a criada por Chiovenda, encontra distinção no fato de que a vontade expressa na Sentença não é a vontade da lei, mas a vontade imediata do Juiz. A norma, então, é apenas o norte da questão, devendo o julgador examinar seus pressupostos e, após, exarar suas conclusões, das quais, isto sim, emanará o comando, traduzido em uma declaração de certeza, comando este que contém toda a imperatividade em que se constitui a coisa julgada.

A imperatividade da decisão judicial, em assim sendo, decorre do fato de ser o ato do juiz um ato estatal, devendo ser salientado, novamente, que ela decorre de maneira mediata da lei, mas imediata do próprio juiz.

3.9. TEORIA DE LIEBMAN

O eminente autor começa sua monografia sobre a Coisa Julgada[15], realizando forte crítica à doutrina alemã, a qual teve como principal mentor Hellwig.

Procura Liebman demonstrar que a coisa julgada não é um efeito da Sentença, mas uma qualidade da Sentença, qualidade esta que torna a sentença imutável.

---
[14] *Comentários ao Código de Processo Civil*, p. 431.
[15] *Eficácia e Autoridade da Sentença*, 3. ed. Rio de Janeiro: Ed. Forense.

Neste sentido o seu comentário[16]:

"Assim, quando *Hellwig* – como já se viu – define a coisa julgada como o efeito específico da sentença que já não seja recorrível e mais precisamente como a eficácia declaratória da sentença, confunde justamente o efeito normal da sentença com a definitividade e incontestabilidade deste efeito."

Seguindo na sua idéia, insiste Liebman que aos efeitos naturais da sentença deve ser acrescido um outro elemento, único capaz de identificar e fundamentar a coisa julgada.

Novamente transcreve-se a lição supracomentada[17]:

"Assim, a eficácia de uma sentença não pode por si só impedir que o juiz posterior, investido também ele da plenitude dos poderes exercidos pelo juiz que prolatou a sentença, de reexaminar o caso decidido e julgá-lo de modo diferente. Somente uma razão de utilidade política e social – o que já foi lembrado – intervém para evitar esta possibilidade, tornando o 'comando' imutável quando o processo tenha chegado à sua conclusão, com a preclusão dos recursos contra a sentença nele pronunciada."

Fazendo oposição a Guilherme Estelita[18], escreve Liebman também sobre a natureza de qualidade da sentença que possui a coisa julgada[19]:

"... já que a 'imutabilidade' não indica nem pode significar senão uma qualidade. Ser uma coisa imutável é justamente uma qualidade dessa coisa, como ser branca, ou boa, ou durável. Por isso, se o fim do processo é, segundo as próprias palavras de *Estelita*, fixar uma relação jurídica, é a coisa julgada uma qualidade sua, porque

---

[16] Obra citada, p. 40
[17] Idem, p. 53.
[18] *Coisa Julgada*. Rio de Janeiro, 1936, p 95 e segs.
[19] Idem, p. 51.

consiste no caráter imutável ou indiscutível dessa fixação. Em outros termos, a coisa julgada não exprime um efeito autônomo e sim somente a qualidade de permanecerem os efeitos da sentença imutáveis no tempo."

Deixa claro o autor em questão, todavia, que a coisa julgada decorre da vontade do Estado, devendo estar em conformidade com os conceitos de validade e de justiça. Neste sentido o seu comentário[20]:

"A eficácia natural da sentença, com a aquisição dessa ulterior qualidade, acha-se, então, intensificada e potencializada, porque se afirma como única e imutável formulação da vontade do Estado de regular concretamente o caso decidido. E essa imutabilidade característica do 'comando', nos limites em que é disciplinada pela lei, opera, não já em face de determinadas pessoas, mas em face de todos os que no âmbito do ordenamento jurídico têm institucionalmente o mister de estabelecer, de interpretar ou de aplicar a vontade do Estado, não se excluindo o próprio legislador, que não poderá por isso mesmo mudar a normação concreta da relação, a qual vem a ser estabelecida para sempre pela autoridade da coisa julgada."

Comentando sobre a doutrina de Liebman, assim escreve Moacyr Amaral Santos[21]:

"Todo ato do estado, para ter eficácia, deve ser conforme com o direito. De tal modo, a sentença, para ter eficácia, deverá ser emitida de conformidade com a lei. Caso contrário, será ineficaz."

"Em suma, a eficácia natural da sentença ou eficácia própria da sentença, como a de todos os atos estatais, é condicionada à verificação da justiça e legalidade da de-

---
[20] Obra citada, p. 54.
[21] *Comentários ao Código de Processo Civil*. 6. ed. Rio de Janeiro: Forense, p. 433 e 434.

cisão, e produz-se não no momento em que é esta proferida, mas sim do em que se precluem os recursos de efeito suspensivo."

Moacyr Amaral Santos, sintetizando ainda mais tudo o que foi dito, escreve, concluindo, que a coisa julgada para Liebman"... é uma qualidade especial que reforça a eficácia da sentença."

4. Doutrinas materialísticas e processualísticas

Apenas para não deixar fora do conhecimento deste trabalho estas distinções, cabe referir, rapidamente, que se estabeleceram grandes divergências e discussões intermináveis em torno da natureza jurídica da coisa julgada, culminando com a polarização de posições entre doutrinas materialísticas e processualísticas.

As doutrinas processualísticas são comumente identificadas com os ensinamentos do grande mestre alemão Hellwig, o qual, na forma já vista, baseava a sua formulação sobre a coisa julgada na incontestabilidade da declaração emanada da sentença final.

Assim, a decisão judicial que, por força da autoridade do Estado, fixa, de maneira concreta, um resultado para as relações jurídicas contestadas entre as partes, produz o efeito processual de vincular qualquer juiz, posteriormente à declaração do direito contida na sentença passada em julgado, e deve tomá-la por base de sua própria sentença. A sentença de mera declaração tem só esse efeito de incontestabilidade, produzindo apenas um direito processual correspondente à obrigação do segundo juiz de observar a primeira decisão exarada.

O conteúdo declaratório das sentenças passadas em julgado não tem nenhuma influência sobre as relações jurídicas substanciais que, em caso de erro na declaração judicial, permanecem o que são. O único efeito que se produz é um direito processual daqueles para os quais a sentença deve ter efeito, em face dos órgãos jurisdicionais, direito esse à observância daquilo que foi declarado, e uma correspondente obrigação desses órgãos de respeitar a precedente declaração contida em uma sentença passada em julgado.

Já os materialísticos "viam na coisa julgada a criação de um novo fundamento substancial à declarada existência ou inexistência da relação deduzida em juízo, uma causa por si só de constituição ou de extinção dela."[22].

No mesmo livro acima citado, Liebman realiza crítica à doutrina materialística, dizendo que "a concepção moderna da função do processo contradiz claramente essa teoria, porque – salvo os casos em que a lei confere ao Juiz o poder de modificar com a sentença (que, por isso, nestes casos é constitutiva) o estado preexistente das relações jurídicas substanciais – o processo não produz e não cria o direito, não constitui e não modifica as relações jurídicas substanciais das partes, mas somente as declara e as atua".

Com efeito, as sentenças declaratórias produzem efeitos *ex tunc*, retroagindo no tempo para, simplesmente, atualizar e tornar jurisdicionalmente reconhecido determinado aspecto preexistente a ela.

As críticas de Liebman, todavia, são extensivas à doutrina processualística, tendo ele se manifestado da seguinte forma:

"Foi somente esta estranha idéia da coisa julgada como vínculo dos juízes que pôde fazer sustentar que a sentença e a coisa julgada valessem só 'num futuro processo civil' e não nas mil outras contingências da vida, em que pode ser necessário conhecer como é regulada pela lei determinada relação. E é sempre essa mesma idéia que faz crer que os efeitos da declaração não se produzem diretamente, mas só como reflexo da impossibilidade de

---
[22] Enrico Tullio Liebmann. *Eficácia e Autoridade da Sentença*. 3. ed. Rio de janeiro, Forense, p. 42.

que decida um juiz de modo diferente; e, criando assim um abismo entre coisa julgada (vínculo dos juízes) e a efetiva situação jurídica substancial – a qual, por sua vez, permaneceria intacta – alimenta aquela interminável polêmica entre teoria 'materialística' e 'processualística' da coisa julgada que, na própria impossibilidade de resolver-se, denuncia seu defeito inicial de formulação.".

Particularmente, entendemos que a coisa julgada não se presta, exclusivamente, para o estabelecimento de um comando processual ao magistrado, em que pese, obviamente, possuir também tal qualidade.

Sem dúvida que, para a pacificação social e segurança das relações jurídicas, a *res iudicata* funciona como elemento limitador de início de novos processos, todavia não há como negar sua influência direta no mundo material, nos aspectos substanciais da relação posta em juízo.

Conclui-se, portanto, que a coisa julgada possui, além do elemento processual, comandos substanciais identificados em consonância com as cargas de eficácia integrantes do conteúdo da sentença, não sendo possível negar um ou outro.

5. Coisa julgada material, coisa julgada formal e preclusão

Abrimos este tópico por ser fundamental o entendimento preciso dos conceitos para que sejam alcançados entendimentos satisfatórios do tema em questão.

Com efeito, a preclusão é tida por muitos autores como sinônimo de coisa julgada formal, ao passo que a coisa julgada material seria a autoridade que adquire a sentença já preclusa, que assume condição de imutabilidade também quanto aos seus efeitos fora do processo.

Liebman comenta[23], que a coisa julgada formal é "a imutabilidade da sentença como ato processual", enquanto que a coisa julgada material ou substancial seria "a mesma imutabilidade, em relação ao seu conteúdo e mormente aos seus efeitos."

A eminente Professora Ada Pellegrini Grinover[24], informa que a doutrina contemporânea brasileira costuma "equiparar a coisa julgada formal à preclusão, falando em preclusão máxima quando se trata de sentença definitiva".

Mais adiante, a autora contesta tal orientação, dizendo que "coisa julgada formal e preclusão são dois fenômenos diversos, na perspectiva da decisão irrecorrível. A preclusão é, subjetivamente, a perda de uma faculdade processual e, objetivamente, um fato impeditivo; a coisa

---
[23] Obra citada, p. 60.
[24] Comentário citado no artigo de Liebman, idem, p. 68.

julgada formal é a qualidade da decisão, ou seja, sua imutabilidade, dentro do processo".

Luiz Machado Guimarães[25], em fabuloso estudo, assim se manifesta sobre o tema, apresentando suas conclusões:

"a) que sentença passada em julgado, coisa julgada em sentido formal e preclusão são as diversas denominações usadas para designar um só conceito;

b) que a coisa julgada formal e a coisa julgada material decorrem da preclusão de todas as questões propostas e proponíveis; por isto, a coisa julgada formal (isto é, a preclusão) é pressuposto da coisa julgada material;

c) que a coisa julgada é um particular efeito da sentença, consistente na preclusão das questões suscitadas e suscitáveis, efeito este que, na coisa julgada formal, opera no mesmo processo em que foi proferida a decisão, e na coisa julgada material, vincula os juízes de futuros processos".

Ampliando os conceitos e definindo-os minuciosamente, explica Luiz Guimarães que as coisas julgadas material e formal podem ser distinguidas da preclusão no campo das situações processuais, pois este último conceito corresponde, exatamente, à "perda de uma faculdade processual", ao passo que os outros dois conceitos são uma conseqüência desta perda.

Melhor esclarecendo a questão, parte o autor acima citado do conceito de "trânsito em julgado", dizendo que este "é conceito que por sua maior compreensão distingue-se do conceito de preclusão. Decorre o trânsito em julgado não somente da preclusão (no sentido de perda) da faculdade de recorrer, como também ato voluntário da parte (a aquiescência à decisão, a desistência do recurso interposto) ou ainda da natureza mesma da decisão (se irrecorrível)".

---
[25] *Estudos de Direito Processual Civil*, 1969, p. 13.

Seguindo nesta esclarecedora análise, menciona o mestre que o termo "efeito preclusivo", diversamente da palavra "preclusão", serve para "indicar um característico efeito dessas mesmas situações processuais", quais sejam as coisas julgadas formal, material e a própria preclusão.

A eficácia preclusiva, para a preclusão e a coisa julgada formal, seria "endoprocessual", enquanto para a coisa julgada material seria "endoprocessual" e "pan-processual", ou seja, para as duas primeiras situações a eficácia seria para o processo apenas, e para a última extrapolaria tal limite.

A eficácia preclusiva endoprocessual da situação constituída pela preclusão é concernente somente às questões de fato. Assim, não declinadas estas no momento oportuno, não mais posso apresentá-las. Já as questões de direito podem ser demonstradas a qualquer tempo.

No caso da coisa julgada formal, a eficácia preclusiva é mais extensa, pois abrange tanto as questões de fato como as de direito, as quais não mais poderão ser reexaminadas no mesmo processo.

Por último, a eficácia preclusiva da coisa julgada material opera não somente "no mesmo processo como também em outros processos relativos à mesma lide ou outras lides logicamente subordinadas."

Sintetizando as lições, poderíamos fazer o seguinte esquema lógico e conseqüencial:

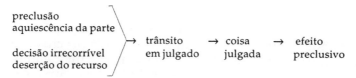

Como resultado, não é a coisa julgada, por si mesma, que cobre o deduzido e o dedutível, mas é o efeito preclusivo da coisa julgada que o atinge, resguardando a imutabilidade do julgado (Luiz Guimarães), pois coisa julgada é, segundo já esclarecido por intermédio das lições de Liebman, apenas uma qualidade.

Mais aguda fica a distinção apresentada, quando Luiz Guimarães esclarece que "os fatos e as questões a eles atinentes, cuja existência ou inexistência foi reconhecida pelo juiz, não se incluem na área demarcada pelos limites objetivos da coisa julgada. Estão, entretanto, as questões de fato (não apenas as efetivamente deduzidas, como também as que seriam deduzíveis) abrangidas pela eficácia preclusiva da coisa julgada, que as tornam irrelevantes, insuscetíveis de serem invocadas para modificar ou extinguir o efeito jurídico (o 'bem da vida') reconhecido pela anterior sentença."

Finalidades diversas possuem, ainda, a coisa julgada e a preclusão processual. Aquela visa à paz social; esta, ao respeito à ordem lógica procedimental, à economia processual e à boa-fé processual.

Sobre as diferenças entre a coisa julgada e a preclusão também discorre Antônio Alberto Alves Barbosa[26], quando cita Chiovenda:

"...Prossegue o Mestre, explicando que a relação, portanto, entre coisa julgada e preclusão pode assim formular-se: a coisa julgada é um bem da vida reconhecido ou negado pelo juiz: a preclusão de questões é o expediente de que se serve o direito para garantir o vencedor no gozo do resultado do processo (ou seja, o gozo do bem reconhecido ao autor vitorioso, a liberação da pretensão adversária ao réu vencedor)."

Continuando, afirma o Desembargador Antônio Barbosa que a diferença entre ambas é que "a preclusão é um instituto especificamente processual; ela incide apenas sobre a vida processual, garantindo-lhe o curso e o resultado. Produz, portanto, efeitos de natureza proces-

---

[26] *Da Preclusão Processual.* 2. ed. São Paulo: Ed. Revista dos Tribunais, 1992, p. 174.

sual. A eficácia da preclusão é ditada por 'exigências de ordem e de segurança no desenvolvimento do processo' (Chiovenda)."

O segundo aspecto diferenciador de maior importância, apontado pelo autor acima citado, é que "a preclusão tem eficácia tão-só no processo em que advém. A sua força vinculativa só alcança as partes e os juízes no mesmo processo."

Já no tocante à coisa julgada material, ela "vincula não só o juiz prolator da sentença, mas também os demais órgãos judicantes do Estado, aos quais é vedado examinar a relação jurídica já decidida."

Conclui o Professor Antônio Barbosa, dizendo:

"... motivo de concluir-se que a coisa julgada substancial é instituto que repousa sobre princípios não apenas de direito processual, mas ainda de direito civil e, principalmente, de direito constitucional.

"A Constituição Federal, de 18 de dezembro de 1946, estatui, no art. 141, § 3º, que a lei não prejudicará o direito adquirido, o ato jurídico perfeito e a coisa julgada." (atualmente é o artigo 5º, inciso XXXVI, da Constituição Federal)

Respaldamos nossa posição, portanto, como não poderia deixar de ser, nos subsídios doutrinários acima apontados, estabelecendo a nítida distinção dos conceitos abordados, os quais, pela própria natureza e finalidade que possuem, precisam ser diferenciados. Correta, então, a lição da professora Ada Grinover que, de maneira sucinta e precisa, referiu que preclusão é "perda de uma faculdade processual", enquanto coisa julgada formal é "a qualidade da decisão, sua imutabilidade, dentro do processo".

5.1. FUNÇÃO POSITIVA E FUNÇÃO NEGATIVA DA COISA JULGADA

Tema de fundamental importância também é o presente, pois avalia os reflexos da coisa julgada no processo e fora dele.

Não caberia aqui tentar criar definições em tema tão bem demonstrado pela doutrina, pelo que optamos pelos ensinamentos de João de Castro Mendes[27], os quais são assim escritos:

"Toda a eficácia do caso julgado – não apenas a fundamentação da respectiva excepção – pode traduzir-se em duas ordens de efeitos: pode impedir a colocação no futuro da questão decidida ou pode impor a adopção no futuro da solução que a decidiu. Os fenômenos são diferentes e não apenas nos fundamentos – são formas distintas de eficácia do caso julgado. Com efeito, tal eficácia pode consistir num impedimento, proibição de que volte a suscitar-se no futuro a questão decidida – e estamos perante aquilo que nós chamamos função negativa do caso julgado; ou pode consistir na vinculação a certa solução – e estamos perante a função positiva. No primeiro caso, o dever é de *non facere, non agere*, não discutir; no segundo caso, o dever é de *facere* ou *agere*, tomar como subsistente a solução julgada.".

A professora Ada Grinover, em nota do citado livro de Liebman comenta que no Brasil a distinção não possui maiores conseqüências, pois o "vínculo" que decorre da coisa julgada material "não significa que o juiz esteja obrigado a rejulgar a matéria em igual sentido, mas sim que ele está impedido de rejulgá-la.". Completando, esclarece ela que "não há por que falar-se, entre nós, em função positiva da coisa julgada", sendo que "a doutrina brasileira

---
[27] *Limites Objectivos do Caso Julgado em Processo Civil*. Coleção Jurídica Portuguesa, São Paulo: Ática, p. 38 e 39.

afirma predominantemente a função negativa da coisa" e o "próprio direito positivo pátrio" como o *ne bis in idem*, impedindo a decisão das questões já decididas, relativas à mesma lide, pelo juiz" (art. 471 do CPC).

Ousamos discordar desta última colocação da eminente autora, pois a função positiva que decorre da autoridade da coisa julgada é evidente.

Com efeito, definida uma questão controvertida e concretizada a norma abstrata aplicada ao caso, tal conclusão emanada do Estado, por intermédio do magistrado, servirá como ponto incontroverso para qualquer outra lide que possa ser proposta. Como exemplo, pode ser comentada a situação em que é requerida a nulidade e desconstituição de um contrato, com fulcro nos artigos 147, inciso I, e 155 do Código Civil (relativamente incapaz oculta idade real e firma contrato). Após o trânsito em julgado de eventual sentença procedente, poderá tal definição ser utilizada em outra contenda que busque a condenação dos responsáveis pela falsidade, quando o juiz da segunda causa simplesmente aproveitará os resultados do primeiro processo (desconstituição do contrato) para julgar a pretensão condenatória da segunda eventual demanda. O mesmo ocorre no caso do artigo 63 do Código de Processo Penal Brasileiro, quando a sentença condenatória poderá ser utilizada para o efeito de reparação do dano, extrapolando os limites processuais e se enquadrando na conceituação de Luiz Guimarães de efeito pan-processual. Ou seja, é a função positiva atuando e servindo como norte para outras decisões, nas quais será eliminada grande parcela de elaboração intelectiva do juiz que, simplesmente, acatará as disposições do direito já declarado, da norma já concretizada.

Celso Neves[28] cita Antônio Alberto Alves Barbosa, nos seguintes termos:

---
[28] *Coisa Julgada Civil*, livro citado, p. 327.

"A coisa julgada vincula não só o juiz prolator da sentença mas também os demais órgãos judicantes do Estado, aos quais é vedado examinar a relação jurídica já decidida".

Conforme já dito, surgida outra lide que tenha conexão com a resolvida na anterior sentença, esta servirá para aquela nos estritos termos dos "motivos objetivos". Estes, segundo Paula Batista[29], decorrem da seguinte formulação: "a autoridade da coisa julgada é restrita à parte dispositiva do julgamento e aos pontos aí decididos e fielmente compreendidos em relação aos seus motivos objetivos".

Por sua vez, João Mendes[30] entende que "motivos objetivos" são "os elementos ou partes constitutivas da relação de direito", "conteúdo da relação litigiosa".

Concluindo, entendemos que a função positiva é conceituação válida para o direito brasileiro, pois vincula os juízes que posteriormente forem obrigados a prestar jurisdição relativamente a pontos que tenham como pressuposto o reconhecimento do conteúdo da relação litigiosa que já adquiriu autoridade de coisa julgada.

---

[29] *Compêndio de Teoria e Prática do Processo Civil.* 8. ed. São Paulo, 1935, par. 185, inc. I.
[30] *Direito Judiciário Brasileiro*, 3. ed. Rio de Janeiro, 1940, p. 485-486.

6. A doutrina e o conceito de Coisa Julgada

Após os esclarecimentos imprescindíveis sobre o tema proposto, é chegada a hora de definir a *res iudicata*, tendo sido preferida tal ordem de tratamento do problema, pois somente é possível o entendimento preciso deste fenômeno jurídico-social depois do exame dos seus fundamentos.

Comecemos pelo conceito fornecido por Alfredo Buzaid[31], o qual era assim disposto:

"Chama-se coisa julgada material a qualidade, que torna imutável e indiscutível o efeito da sentença, não mais sujeita a recursos ordinários ou extraordinários".

Tal definição não foi adotada pelo atual CPC, conforme pode ser visto no artigo 467, o qual trata a coisa julgada como um efeito, e não uma qualidade da sentença.

Fica evidenciada na primeira escolha do Ministro da Justiça Alfredo Buzaid sua predileção pelos ensinamentos de Liebman, já que a *res iudicata* deixa de ser um efeito para ser uma qualidade da sentença.

Importante, então, para a realização de comentários sobre o tema, bem conceituar o que são efeitos, eficácias e qualidade.

---

[31] Exposição de Motivos do Projeto nº 810/72 (Anteprojeto do Código Civil), Diário do Congresso Nacional, Suplemento número 99, de 28 de setembro de 1972, p. 64-72.

Eficácias são potencialidades, virtualidades inclusas no conteúdo das sentenças, as quais são "materializadas", concretizadas", "atualizadas" sob a forma de efeitos. Efeitos, portanto, corresponderiam à expressão dinâmica das eficácias ou à sua exteriorização em relação ao formalismo sentencial, representando, precipuamente, a execução, por intermédio da atividade jurisdicional, da ação de direito material a que foram impedidos os "particulares".

Neste sentido, importantes são os ensinamentos do Professor e Advogado Ovídio Baptista da Silva,[32] os quais foram assim escritos:

"Levando em conta o que acaba de ser visto, cremos chegado o momento de estabelecer uma distinção fundamental, nem sempre levada em conta pelos processualistas, entre eficácias e efeitos da sentença. A primeira categoria – a das eficácias – faz parte do 'conteúdo' da sentença, como virtualidade operativa capaz da produção de efeitos, ao passo que estes, quer se produzam no mundo jurídico, quer no mundo dos fatos, hão de ter-se como 'atualizações', no sentido aristotélico, das eficácias. Estas fazem parte do 'conteúdo' da sentença, assim como se diz que este ou aquele medicamento possui tais ou quais virtudes (ou eficácias) curativas. Evidentemente não se podem confundir a virtude curativa com o efeito produzido pelo medicamento sobre o organismo enfermo. A eficácia ainda não é o efeito do medicamento. Assim também numa ação de mandado se segurança, por exemplo, haverá sempre como componente de seu 'conteúdo', a refletir-se na sentença de procedência , o 'verbo' corresponde à ordem para que se expeça o mandado; e, num momento posterior, a expedição e o cumprimento do mandado. O efeito representado, no caso da sentença de mandado se segurança, pela efetiva expedição e cum-

---

[32] *Sentença e Coisa Julgada*. 2. ed. Porto Alegre: Sérgio Antonio Fabris, p. 214.

primento do mandado, é resultado que está fora do 'conteúdo' da sentença; e que poderá, até mesmo, jamais se tornar efetivo, sem que o ato jurisdicional perca qualquer de suas eficácias."

Os conceitos, definições possuem a função de simplificar e facilitar o entendimento das questões, o que pode ser constatado a partir da leitura do texto supra.

De fato, com o domínio das diferenciações produzidas, pode ser identificada a enorme distância existente entre a redação do anteprojeto do CPC e a atual.

O primeiro ponto que salta aos olhos é o fato de que, se a coisa julgada fosse simplesmente uma eficácia da sentença, mesmo nas decisões terminativas, que não examinam a relação jurídica material, teríamos de reconhecer a existência de coisa julgada material.

Ou seja, se o juiz extingue o processo sem julgamento do mérito, tal decisão, fulcrada nos elementos constantes no processo, jamais poderá ser modificada ou discutida, desde que não mais sujeita a recurso, e, na hipótese, não estaremos diante da coisa julgada material.

O segundo aspecto é o fato de que não é a eficácia que torna imutável e indiscutível a sentença, mas o estado de preclusão máxima que assim o faz. Basta considerar que toda sentença ainda sujeita a recurso já possui eficácias e, obviamente, não poderá ser considerada imutável.

Liebman comenta a questão dizendo que "...todos os efeitos possíveis da sentença (declaratório, constitutivo, executório) podem, de igual modo, imaginar-se, pelo menos em sentido puramente hipotético, produzidos independentemente da autoridade da coisa julgada, sem que, por isso, se lhe desnature a essência. A coisa julgada é qualquer coisa mais que se ajunta para aumentar-lhes a estabilidade...".

Pois justamente na busca desta estabilidade, atuação esta que emana da vontade do Estado, é que foi concebida a figura jurídica da coisa julgada como sendo uma qualidade, um estado da sentença, estado este que surge após o esgotamento da via recursal, como forma de realizar a paz social.

Como qualidade que é, reportamo-nos às citações de Liebman sobre os fundamentos da coisa julgada, quando esclareceu que a *res iudicata* é o estado de "ser uma coisa imutável", como o estado de ser branco, ou preto, etc.

Autores como Ovídio Baptista da Silva contestam a concepção de Liebman, a começar pela flagrante confusão de conceitos, já que o Mestre Italiano trata como iguais as definições de eficácias e efeitos[33], ao referir que "a coisa julgada nada mais é que essa indiscutibilidade ou imutabilidade da sentença e dos seus efeitos, aquele atributo que qualifica e potencializa a eficácia que a sentença naturalmente produz...".

Continua a divergência do Professor Ovídio, já que não são os efeitos que se tornam imutáveis.

Veja-se em uma sentença condenatória, a eficácia seria a possibilidade de o credor a qualquer momento proceder à execução do débito, o efeito seria a modificação da situação anterior à sentença, quando o numerário do devedor seria passado para as mãos do credor. Todavia, após a sentença, o credor pode perdoar a dívida e não executar, situação esta que culminaria no reconhecimento de que a sentença não perdeu sua eficácia, pois jamais será alterada, mas os efeitos, mesmo depois de exarado o ato sentencial, foram modificados pelas próprias partes.

Não pode nunca ser esquecido que o Estado, como representação da organização formal da sociedade, tem atuação limitada no tocante à atividade jurisdicional substitutiva que exerce. Assim, somente pode exercer sua vontade efetiva, como realizar a ação de direito material a que está impedido o particular, nos estreitos termos do processo e dos limites formais em que se constitui o ato

---

[33] *Eficácia e Autoridade da Sentença*, p. 53.

sentencial, dotado de eficácias, virtualidades, mas sempre dentro do processo. Não poderá, então, invadir o relacionamento extra-autos, porque neste campo dominam as manifestações de vontade dos particulares e neste campo eles poderão abrir mão da tutela substitutiva estatal.

No mesmo sentido é a opinião de José Carlos Barbosa Moreira[34], quando escreve que "...a quem observe, com atenção, a realidade da vida jurídica, não pode deixar de impor-se esta verdade muito simples; se alguma coisa, em tudo isso, escapa ao selo da imutabilidade, são justamente os efeitos da sentença."

Por isto, entendemos que não há como atrelar a coisa julgada à imutabilidade dos efeitos.

Outro alerta que merece ser feito sobre o tema diz respeito à conceituação constante no artigo 467 do CPC, esclarecendo Ada Pellegrini Grinover que é de "lamentar-se a redação defeituosa do art. 467, CPC, que, a pretexto de definir a coisa julgada material, acaba dando o conceito de coisa julgada formal."

Retornando às lições de Barbosa Moreira, é possível notar sua evidente divergência da doutrina elaborada por Liebman, relativamente aos efeitos.

Possuem as duas posições, todavia, semelhança no ponto em que contestam a teoria de Hellwig que diz ser a autoridade da coisa julgada "tão-só o elemento declaratório da sentença", tendo este último autor identificado também nas sentenças constitutivas e nas condenatórias, antes uma declaração, a qual corresponde, exatamente, ao comando decorrente da lei, no sentido de concretizar uma determinada situação a ser constituída, desconstituída ou expressa em condenação.

Hellwig influenciou toda a doutrina alemã, não podendo ser negada a cativante proposta conceitual que encerra.

---

[34] *Direito Processual Civil, Ensaios e Pareceres*. Rio de Janeiro: Borsoi, 1971.

Contesta Barbosa Moreira os ensinamentos do Mestre Alemão[35], dizendo que é o conteúdo todo da sentença que se torna indiscutível, e não somente a declaração.

Ensina Barbosa Moreira que no conteúdo da sentença estarão presentes todas as demais eficácias e, assim, tornado imutável aquele, por ter adquirido o estado de coisa julgada, imutáveis estariam todas as eficácias, e não somente a eficácia declaratória.

Mais uma vez, saliente-se, que imutáveis seriam as eficácias, e não os efeitos, na forma já comentada.

Neste momento é preciso que seja aberto um parêntese para estabelecer uma diferenciação imprescindível, a qual é realizada por Barbosa Moreira[36], nos seguintes termos:

"Não há confundir *res iudicata* com *auctoritas rei iudicatae*. A coisa julgada não se identifica nem com a sentença trânsita em julgado, nem com o particular atributo (imutabilidade) de que ela se reveste, mas com a 'situação jurídica' em que passa a existir após o trânsito em julgado. Ingressando em tal situação, a sentença adquire uma autoridade que – esta, sim – se traduz na resistência a subseqüentes tentativas de modificação do seu conteúdo. A expressão *auctoritas rei iudicatae*, e não *res iudicata*, portanto, é a que corresponde ao conceito de imutabilidade."

"Quanto à eficácia da decisão – vale repetir ainda mais uma vez –, nada tem que ver, conceptualmente, nem com coisa julgada, nem com autoridade da coisa julgada; o único traço comum reside em que também a primeira, em regra, se subordina, temporalmente, ao trânsito em julgado."

Para Barbosa Moreira, então, fica "assente que não é nem pode ser privativa do elemento declaratório da sentença a aptidão para alcançar a *auctoritas rei iudicatae*,

---
[35] *Temas de Direito Processual*. São Paulo: Saraiva, 1977, p. 81 e segs.
[36] Obra citada, p. 146.

ou seja, a imutabilidade, incontestabilidade, indiscutibilidade ou incontrovertibilidade, mas que a "indiscutibilidade é *plus* que a lei... imprime... não apenas à declaração, mas a todo o conteúdo decisório da sentença. É, pelo menos, o que ocorre no direito pátrio."

Procura o Mestre ora comentado explicar a situação com exemplos, dizendo que passada em julgado uma sentença condenatória não poderá continuar a ser discutido, de modo juridicamente relevante, o direito do vencedor à execução e não apenas a existência do crédito declarado exigível em face do réu. O mesmo aconteceria com uma sentença constitutiva, pois ficaria imune a críticas não só a declaração em si, por exemplo, de nulidade de um contrato, como também a própria possibilidade de ser retirada qualquer conseqüência prática de tal pacto, já que foi desconstituído. Seria a situação absurda de ter sido declarado nulo o contrato e novamente proposta uma ação pedindo o cumprimento de uma obrigação decorrente do contrato sob a alegação de que somente o "direito à anulação" do mesmo, ou seja, a declaração é que se tornou imutável e não o contrato em si.

Prossegue o Eminente Professor dizendo que se fosse a autoridade da coisa julgada somente direcionada à declaração, não teria como ser explicado o fato de as sentenças declaratórias de estado, no direito canônico, não adquirirem o selo da imutabilidade. O mesmo acontece com os procedimentos de jurisdição voluntária, nos quais existe declaração e concretização da norma abstrata, mas inexiste a coisa julgada.

Concluindo a exposição de Barbosa Moreira, fundamental para a continuidade deste trabalho, a autoridade da coisa julgada atinge a declaração, a constituição e a condenação, ou seja, o "próprio conteúdo da sentença, como norma jurídica concreta referida à situação sobre que se exerceu a atividade cognitiva do órgão judicial.".

O Professor Ovídio Baptista da Silva impugna as conclusões de Barbosa Moreira em profundo tópico[37], pois não aceita a posição de que, em uma sentença constitutiva, por exemplo, a modificação integre o conteúdo do ato decisório, não se constituindo, pois, em efeito, sendo este a "situação nova" conseqüente à modificação. Ou seja, em uma sentença de separação judicial a modificação seria a desconstituição do matrimônio, enquanto o efeito seria o "novo estado dos cônjuges", situação esta que poderia ser alterada por acordo entre as partes, no futuro, mas a modificação jamais.

Sua não-aceitação decorre da constatação de que, por exemplo, em uma sentença desconstitutiva de um contrato a modificação seria esta mesma, mas efeito inexistiria, porque "sentença teria seus efeitos limitados à simples retirada do mundo jurídico da relação litigiosa, sem gerar nenhuma situação nova, a não ser o estado de absoluta desvinculação das partes, ...liberdade esta, naturalmente, irrelevante, enquanto tal, para o direito."

Procura o Mestre Gaúcho então, demonstrar que atrás de toda sentença existe um elemento "certificador" da relação jurídica, este sim inalterável.

Comenta, também, que muitas vezes o "efeito" não é externo, mas interno à própria sentença, o que ocorre nas decisões simplesmente declaratórias, quando o provimento jurisdicional dizendo que a relação jurídica deve seguir regra determinada esgota a questão, não sendo possível constatar qualquer acontecimento externo ao conteúdo da sentença.

Esclarece Ovídio Baptista, ainda, que não é o simples fato de existir declaração que fará com que emerja a autoridade da coisa julgada, pois em casos como o da jurisdição voluntária, na forma já escrita, tal não acontece. Então, a *auctoritas rei iudicatae* somente surgiria, a partir

---

[37] *Sentenças e Coisa Julgada*, p. 201 e segs., o Conteúdo da Sentença e a Coisa Julgada.

da vontade do Estado, com o objetivo de realizar a paz social, ou seja, quando existisse conflito de interesses.

Aprofundando mais seu pensamento, alega o Professor Ovídio Baptista que nem sempre os efeitos estão fora do conteúdo da sentença, dizendo que nega "esta separação entre os dois mundos, o das normas e o dos efeitos que se produzem realmente nas sentenças forenses (*in concreto*)". Para ele "tanto os efeitos se produzem efetivamente em cada sentença, quanto as eficácias que os tornam possíveis, também existem e constam das 'sentenças concretas'".

Procura o Mestre comentado explicar tal posição, dizendo que as sentenças declaratórias e as constitutivas possuem em seu conteúdo não só a eficácia, a potencialidade, para a constituição ou declaração, mas a própria declaração e a criação de uma nova situação jurídica emanando de forma imediata do ato sentencial, sem que seja necessária qualquer realização externa.

Diversamente, as sentenças condenatórias, executivas e mandamentais precisam de uma continuidade externa ao conteúdo da sentença para que sejam efetivadas suas eficácias sob a forma de efeitos.

Concluindo o pensamento ora analisado, "O conteúdo das sentenças, como ato jurisdicional, é igual à soma de suas eficácias, como virtualidades, ou... como aptidões para a produção de efeitos. ... o que torna especial a sentença constitutiva é conter ela o ato de modificar e a modificação, o agir do Estado em substituição ao agir privado proibido; e o resultado de sua ação, o estado modificado."

A grande diferença entre os ensinamentos dos dois últimos autores comentados está nas sentenças constitutivas e declaratórias, quando Ovídio define que ambas possuem no seu conteúdo também os efeitos, imediatamente irradiados.

Outra grande diferença reside no diverso reconhecimento das eficácias. Para Ovídio, estas, sejam constitutivas, condenatórias, mandamentais ou executivas, podem ser atacadas por eventual negócio jurídico realizado pelas partes, ao passo que a eficácia declaratória jamais, pois aí estaria sendo ofendida a coisa julgada.

Resumindo a posição do Professor Ovídio, entendemos que sua orientação adota as mesmas linhas da doutrina Alemã, pela qual é na declaração com força suficiente e por desejo do organismo do Estatal, que está a autoridade da coisa julgada, autoridade esta que se manifestará por intermédio dos "verbos" que contiver o comando sentencial, pois jamais pode ser esquecido que a atividade jurisdicional é substitutiva à privada, pelo que o resultado da mesma será sempre um agir como virtualidade ou, como diz o Professor Ovídio, comentando a ação falimentar: "quem quiser testar a teoria, para saber se tais verbos compõem ou não a demanda e, pois, a sentença, como virtualidades ou aptidões da ação falimentar, que tente suprimi-los para ver se o direito do credor 'exeqüente concursal' estaria atendido sem este agir específico do Estado."

Percebe-se, neste momento, com bastante nitidez, os grande méritos de cada uma das teorias, não podendo ser negado que a doutrina mencionada pelo Mestre Ovídio Baptista possui uma conformação com a prática e a realidade palpável. De fato, tendo partido dos conceitos de Pontes de Miranda sobre efeitos anexos (externos à sentença), procurou e, com a devida vênia, conseguiu demonstrar que alterações do mundo fático, por convenção entre as partes ou por qualquer outro motivo, não possuem o condão de alterar o comando verbal integrante do conteúdo da sentença.

Por paradoxal que possa parecer, existe compatibilidade evidente entre a posição de Ovídio Baptista e de Barbosa Moreira. Ambos comungam da idéia de que o conteúdo da sentença, composto de várias cargas de eficácia, é que é inalterável. Divergem, apenas, no tocante ao fato de que, nas sentenças constitutivas e declaratórias, os efeitos também integrariam o conteúdo sentencial – para Ovídio – o mesmo não acontecendo na teoria do segundo autor.

Em que pese concordarmos que nas profundezas de qualquer provimento jurisdicional sempre esteja uma declaração, no sentido de concretizar o direito abstratamente previsto, entendemos que a coisa julgada e, conseqüentemente, a sua autoridade, opera-se no tocante a cada uma das eficácias inclusas no conteúdo da sentença, e não somente em relação à declaratória. Assim, uma futura ação, incompatível com a primeira, sofrerá os efeitos da função negativa da *auctoritas rei iudicatae*, bem como as demais sentenças, mesmo que compatíveis com a primeira, sofrerão os efeitos da função positiva, absorvendo como definitivos os comandos já julgados, sejam constitutivos, condenatórios, mandamentais, executivos ou declaratórios.

Por exemplo, A promove demanda condenatória contra B e vence a contenda, mas não executa o julgado. Posteriormente, B promove demanda contra A para cobrar outro débito diverso do primeiro. A poderá alegar a existência de crédito reconhecido em sentença já trânsita em julgado, a fim de que o juiz acolha a alegação e determine a compensação dos créditos.

Com efeito, não seria exigível que fosse exarada sentença apenas reconhecendo a procedência da ação de B contra A, sendo deixada para a fase da execução, dos embargos à execução (art. 741, inciso VI, do CPC), a compensação dos valores, com flagrantes prejuízos à economia processual e à pacificação das contendas. Não se diga na hipótese que a coisa julgada somente se operou em relação à eficácia declaratória, dado que a eficácia condenatória que emanou da primeira sentença teve seus efeitos externados sob a forma de compensação dos créditos.

Retornando, rapidamente, ao tema da função positiva da coisa julgada e sua importância na conceituação ora levada a efeito, comenta João de Castro Mendes,[38] que "...Mais delicado é o problema da relevância do caso julgado em processo civil posterior, quando nesse processo a questão sobre a qual o caso julgado se formou desempenha a função de questão fundamental ou mesmo de questão secundária ou instrumental, não de *thema decidendum*."

Seguindo na sua análise, esclarece que nos artigos 2407, número 4, 2502 e seguintes, do Código Civil Português de 1867, a coisa julgada constava "entre os meios de prova".

Conclui Castro Mendes, dizendo que:

"...O respeito pelo caso julgado posto em causa num processo posterior, não como questão central, mas como questão fundamental, ou instrumental, representa uma conquista da ciência processual que vem já dos tempos de Roma".

Ainda:

"...A vinculação do juiz ao caso julgado quando a questão respectiva seja levantada como fundamental ou instrumental baseia-se, evidentemente, na função positiva do caso julgado."

Mais uma vez, então, reforçamos a idéia de que a função positiva existe também no direito brasileiro, única forma de obter resultados rápidos, seguros e econômicos, no tocante à autoridade da coisa julgada.

Voltando às últimas abordagens do Professor Ovídio Baptista da Silva sobre a natureza das sentenças, Alfredo Buzaid[39] também comenta sobre as semelhanças que decorrem das eficácias constitutivas e declaratórias, dizendo que:

"... se exaurem com o ato de sentença de mérito. São, portanto, desprovidas de execução. Isto não exclui que possam produzir alguns efeitos práticos, como servir de

---

[38] *Limites Objetivos do Caso Julgado em Processo Civil*. São Paulo: Ática, p. 50.
[39] *A Ação Declaratória no Direito Brasileiro*. São Paulo, 1943, p 89 e 90.

base para obter transcrição de imóvel (Código Civil, art. 550), ou cancelamento de inscrição hipotecária (Zanzuchi, *Diritto Processuale Civile*, I, pág. 231). Esta é uma execução *sui generis*, porque não recai sobre a pessoa do réu, mas sobre o funcionário público. A relação que se forma aqui é uma 'relação de serviço público' entre o juiz e o funcionário, sem nenhum reflexo sobre a pessoa do litigante vencido, que apenas deve suportar as conseqüências emanadas da sentença".

Cabe aqui referir, também, o conceito de coisa julgada atribuído por Celso Neves[40], para o qual:

"é o efeito da sentença definitiva sobre o mérito da causa que, pondo termo final à controvérsia, faz imutável e vinculativo, para as partes e para os órgãos jurisdicionais, o conteúdo declaratório da decisão judicial. Tal conceito, restrito à 'declaração' jurisdicional, decorre: a) de motivos que tornam inaceitável a fórmula de *Liebman*; b) de conceitos doutrinários que corroborem a posição restrita de *Hellwig*."

Nenhuma novidade traz a conceituação, apenas repetindo e acatando os ensinamentos do eminente doutrinador Alemão, relativos à 'força' declaratória que emana de todas as sentenças, sejam constitutivas ou condenatórias.

Francisco Cavalcanti Pontes de Miranda[41] não poderia deixar de adotar a solução da doutrina Alemã, já que sua predominante formação jurídica sempre seguiu esta orientação, novamente surgindo com toda a sua força a lição de Hellwig.

Começa o grande mestre por criticar a teoria de Liebman, quando ele disse que mesmo antes do trânsito em julgado já poderia existir a eficácia declarativa da sen-

---
[40] *Coisa Julgada Civil*. São Paulo: Ed. Revista dos Tribunais, 1971, p. 443.
[41] *Comentários ao Código de Processo Civil*. Tomo IV, Rio de Janeiro: Forense, p. 129.

tença, o que pode acontecer com a execução provisória, enquanto não é julgado o recurso por ventura interposto.

Informa Pontes de Miranda que E.T. Liebman "não atendeu a que em toda resolução judicial, e não só na sentença (mais ainda: em todo ato do Estado), há elemento declarativo, constitutivo, condenatório, executivo, mandamental, sem que sejam, sempre, suficiente para a eficácia específica (força) ou de segundo plano."

Continuou Pontes dizendo que "o 'comando' que E.T. Liebman apontou como eficácia geral da declaração é apenas o elemento mandamental de todas as sentenças, não suscetível de fazê-las 'classe de sentenças' (sentenças mandamentais; ou mandamentais, em segundo plano)."

Concluindo, informa Pontes de Miranda, no mesmo livro citado, que "...Precisamos não deslocar para o campo vago das discussões sobre a essência do ato estatal (em que toda metafísica seria possível) o problema 'concreto' da classificação segundo a eficácia das ações", bem como que "...Quem diz 'eficácia' declarativa diz 'coisa julgada material', pois o ato administrativo revogável declara sem ter eficácia declarativa.", além do que "...A eficácia de coisa julgada material é a vedação relativa de rediscutir-se a 'matéria', o *decisum*. Nada tem com o que o comum chama 'obrigatoriedade' da sentença; essa obrigatoriedade é a de todos os atos estatais, com diferença apenas de sanção."

Modestamente divergimos da posição do eminente Professor, eis que são de fato os comandos em si, decorrente da sentença, que adquirirão autoridade de coisa julgada.

Veja-se, se A promove ação de desconstituição de contrato contra B e ganha a contenda, é, efetivamente, a eficácia constitutiva negativa que transitará em julgado, sendo representada no mundo fático por intermédio do efeito idêntico, qual seja, o fato de não mais poder ser exigida qualquer obrigação decorrente do pacto extinto. Assim, ação de C que objetivasse penhorar o crédito que A teria em decorrência do contrato extinto com B, estaria fadada ao insucesso, eis que se operaria a autoridade da *res iudicatae*. Então, não é somente a declaração em si que tornou indiscutível a questão, mas o aspecto singelo de que não há como rediscutir algo que não mais existe. Adquiriu, portanto, a qualidade de coisa julgada, também, a própria modificação e a nova situação jurídica que é o fato de não mais existir o contrato.

Entendemos, também, que a possibilidade de ser antecipado o efeito executivo, por intermédio da execução provisória, nada mais é que a concretização, mesmo que provisória, de uma eficácia condenatória.

De fato, se um comando sentencial é concretizado, mesmo que precariamente, no âmago deste ato necessariamente deve existir uma declaração jurisdicional, mas, também, a potencialidade, a eficácia, ou seja, a capacidade de produzir efeitos.

Então, discordamos da posição assumida pela doutrina Alemã, concluindo que a autoridade da coisa julgada atinge as eficácias integrantes do conteúdo da sentença, acatando, obviamente, os demais ensinamentos do Professor Ovídio Baptista da Silva, quando comenta que os efeitos declaratórios e constitutivos emanam imediata e diretamente da sentença, não precisando qualquer realização externa para a sua efetiva concretização.

Aliás, reconhecendo o mestre Ovídio tal aspecto, no sentido de que os dois efeitos supracitados integram o próprio conteúdo da sentença, entendemos que, igualmente, se contrapõe ao entendimento de Pontes, relativamente ao fato de que os efeitos condenatório, mandamental, constitutivo e executivo são apenas "comandos", determinações imperativas próprias de qualquer ato do judicial como qualquer ato do Estado.

Sem dúvida, se integram o conteúdo mesmo da sentença, e tendo esta adquirido a qualidade de julgada, a autoridade decorrente de tal estado de coisas atingirá não somente a eficácia declaratória inclusa no conteúdo da sentença, mas todas as demais eficácias.

7. O objeto litigioso na demanda civil

Para o estudo da coisa julgada, da mesma forma que a correta apreensão do conceito de jurisdição, é imprescindível que seja perfeitamente entendido o que seja o objeto litigioso, o qual, após conhecido com exatidão, servirá para estabelecer os limites objetivos da coisa julgada, demonstrando quais as questões decididas e que não mais poderão ser renovadas.

Necessário, portanto, trazer à baila os ensinamentos profundos sobre a matéria, constantes na obra de Karl Heinz Schwab[42], autor alemão que já na primeira folha do livro *El Objeto Litigioso En El Proceso Civil*, tem traduzida a sua real filosofia, quando é dito por Santiago Sentís Melendo que *"Un trabajo teórico vale en tanto en cuanto pueda ayudar a resolver problemas prácticos"*.

Com efeito, parte Schwab do problema da identificação sobre a existência ou não de acumulação de ações. Neste diapasão procura isolar o conceito de "solicitud" ou solicitação, pedido, dizendo que *"hay um objeto litigioso cuando una solicitud única es fundada en vários estados de cosas"*.

"Estados de cosas", por sua vez, são definidos como *"sucesos"*, sendo estes os fundamentos jurídicos e fáticos da demanda, ou seja, nas palavras traduzidas de Schwab *"a cada uno de estes sucesos corresponde una pretensión material"*.

---

[42] *El Objeto Litigioso en El Proceso Civil*.

Para melhor explicar a sua doutrina, o mestre alemão oferece o exemplo em que A pleiteia o pagamento de 1000 marcos de B, pelo fato de ter entregue a mercadoria comprada, ou seja, em virtude do contrato de compra e venda e também porque meses antes da entrega do produto, B havia entregue a A uma confissão de dívida, um reconhecimento da mesma expresso em um documento. Os fundamentos, então, são dois, e dois são os *sucesos*, as pretensões materiais.

Critica o autor a posição de outros doutrinadores alemães, os quais viram na hipótese o surgimento de acumulações cumulativas, acumulações eventuais e acumulações alternativas, e não uma unidade de pretensão.

A primeira delas (acumulação cumulativa) não pode ser aceita, pois na sua concepção esta espécie de cumulação de ações somente é possível quando em uma demanda se apresentem várias solicitações, com um ou mais sucessos. Conforme diz o professor comentado "*La esencia de la pretensión procesal consiste en ser objeto del litigio, sobre el cual el tribunal habrá de dictar su resolución*". Existindo, portanto, várias pretensões processuais em uma demanda, vários serão os objetos litigiosos.

A explicação para a sua doutrina é simples, basta que seja imaginada a situação de o juiz aceitar o pedido condenatório com base no contrato de compra e venda, determinando a entrega do numerário. Poderia o mesmo magistrado novamente condenar o réu a pagar mais 1000 marcos com base na confissão e no reconhecimento escrito da dívida? Evidentemente que não, pelo que resta comprovado que inexiste cumulação de ações no exemplo fornecido, mas sim, mera cumulação de estados de coisas ou de sucessos. O mesmo pode ser observado na eventualidade de o juiz aceitar um dos fundamentos e rechaçar o outro. A ação não poderia ser julgada parcialmente procedente, pois o autor receberia a quantia devida.

O autor em questão tece breves comentários sobre a cumulação eventual, passando, depois, para a crítica aos doutrinadores que adotam a possibilidade da configuração de acumulação alternativa de ações.

Neste último aspecto começa por esclarecer que uma obrigação pode ser satisfeita por diversas formas. Assim, o credor pode aceitar que o devedor pague a dívida em dinheiro, por dação em pagamento ou em serviços prestados, qualquer uma delas servindo para a liberação deste. Neste caso, existiriam vários objetos litigiosos, várias "solicitudes" em relação de alternatividade.

Diversamente é o reconhecimento de acumulação alternativa de ações no caso do exemplo da dívida de 1000 marcos. Nesta hipótese, Schwab contesta as lições de Nikisch, quando este alega exatamente o oposto, procurando dizer que existiriam duas pretensões processuais distintas e dois objetos litigiosos, o que já pode ser demonstrado que não é verdadeiro.

Para Nikisch, então, ambos fundamentos da mesma obrigação estariam em estado de litispendência recíproca, o qual somente terminaria com o reconhecimento de um dos "sucessos".

A doutrina impugnada, portanto, padece de várias incorreções, já que não haveria como perdurar uma situação de litispendência após o julgamento. De fato, na hipótese de ambos os "sucessos" serem aceitos pelo juiz, reconhecendo o dever de pagar por causa do contrato de compra e venda e também devido ao reconhecimento a alegada situação de litispendência perduraria, configurando-se uma impossibilidade jurídica, somente por este aspecto já podendo ser definida a incorreção da concepção de Nikisch.

Resumindo os ensinamentos do mestre Alemão[43] ora comentado, merecem transcrição suas palavras:

"Los caracteres típicos de nuestro modelo eran los siguientes: El actor había fundado una solicitud en dos su-

---

[43] *El Objeto Litigioso En El Proceso Civil*, Ediciones Juridicas Europa-América, 1954. Traduzido por Tornas A. Banzhaf, p. 117.

cesos. Queria una sola vez los mil marcos. Los distintos sucesos servían únicamente para fundamentar la misma petición. De los distintos sucesos derivaban distintas pretensiones materiales. Había pues un concurso de pretensiones de derecho material. Llegamos a la conclusión de que, pese a la pluralidad de sucesos y de pretensiones materiales, sólo podía haber un objeto litigioso, o sea una sola pretensión procesal."

Em conclusão a esta parte, então, o objeto litigioso se confundiria com a pretensão processual e com o conceito de *"solicitud"*, enquanto as várias pretensões materiais se confundiriam com os sucessos apresentados para fundamentar a pretensão processual.

O objeto litigioso, portanto, é um conceito puramente processual.

8. Comentários de João de Castro Mendes sobre o assunto

O conhecido autor Português utiliza os conceitos de coisa julgada relativa e de coisa julgada absoluta. Inicia o Mestre[44] em questão a tentar aclarar até que ponto as questões ou fundamentos da decisão final adquirem a autoridade de coisa julgada. Diz, então, que a "indiscutibilidade relativa que se atribui à afirmação tomada como certa na sentença acerca da causa de pedir (verificou-se, não se verificou; é válida, é nula) deve alargar-se aos restantes pressupostos lógico-jurídicos da decisão, incluindo: a) os de natureza processual; b) as excepções peremptórias."

Como exemplo de tais assertivas, apresenta o caso em que A move uma ação de condenação contra R e este leva a juízo a questão da sua personalidade judiciária, negando-a. Restando R condenado e afastada a preliminar, resulta que R está sujeito à condenação, de tal forma que não poderá, em execução, embargar com base na falta de personalidade.

Conclui João Mendes[45], então, que "os pressupostos da decisão são cobertos pelo caso julgado enquanto pressupostos da decisão", bem como que "a força do caso julgado só se alarga aos pressupostos enquanto tais, tudo aquilo que esteja contido na sentença e não seja essencial

---
[44] *Limites Objetivos do Caso Julgado em Processo Civil*. Coleção Jurídica Portuguesa. São Paulo: Ática, p. 156.
[45] Livro citado, p. 157.

ao *iter judicandi* – afirmações impertinentes, *obiter dicta*, solução de questões instrumentais – fica fora do domínio do caso julgado."

Em resumo, a afirmação judicial quanto à causa de pedir e restantes pressupostos vale enquanto fundamento da decisão e só nesta medida, fazendo coisa julgada relativa.

Exemplo de fácil compreensão é fornecido pelo autor dizendo que se A pede contra R a declaração de ser proprietário de X porque o comprou e ganha a demanda, não teria força de coisa julgada nem "A comprou X" nem "A é proprietário de X", mas, apenas, "A é proprietário de X porque o comprou".

Julgada desfavorável a demanda, não receberá força de coisa julgada nem "A não é proprietário de X" nem "A não comprou X". A coisa julgada terá por objeto "A não é proprietário de X porque o não comprou". Continuam, portanto, judicialmente discutíveis as afirmações "A não é proprietário de X, logo deve entregar X a R seu verdadeiro proprietário" e "A não é proprietário de X porque o não usucapiu".

Continuando esta abordagem teórica, é possível depreender das palavras de Castro Mendes que a decisão quanto à causa de pedir tem sempre força de coisa julgada relativa, enquanto a decisão quanto ao pedido pode ter força de coisa julgada relativa ou absoluta.

Para tanto[46], "o pedido – *rectius*, a pretensão (material) nele contida – procede da causa de pedir" e nessa "procedência pode traduzir um de dois vínculos entre as duas realidades: um vínculo de verdadeira causalidade (causa de pedir é causa da pretensão) ou um vínculo de mero condicionalismo (a causa de pedir é condição da pretensão).". Exemplo do primeiro vínculo seria "A afirma-se proprietário de X porque o comprou". A causa de A ser proprietário é o fato de ter comprado.

---
[46] Livro citado, p. 163.

Exemplo do segundo vínculo é encontrado nas sentenças de absolvição: "Se A alega que é proprietário de X porque o comprou, a invocada compra e venda é causa da pretensão deduzida; mas para decidir que A não é proprietário de X, a inexistência ou ineficácia da compra e venda invocada é simples condição da decisão." Ou seja devido a uma carência fática ou da realidade quanto à alegada compra e venda, a decisão final foi condicionada a concluir pela absolvição. Diversa é a situação em que uma realidade fática é causa de uma decisão reconhecendo determinado pedido.

Explica Castro Mendes, então, "A não é proprietário de X não é algo que se possa afirmar com segurança em face da conclusão A não comprou X; não tendo ficado excluídas as outras possíveis causas aquisitivas da propriedade, dado que o autor não tem o ônus da fundamentação exaustiva do seu pedido (como o réu o tem da sua defesa), é possível que A seja, e venha a ser judicialmente reconhecido, proprietário, por outro título."

Assim, a absolvição neste exemplo faz coisa julgada relativa, o mesmo resultado ocorrendo com a causa de pedir, existindo, por conseguinte, um paralelismo entre pedido e causa de pedir.

Tal paralelismo inexistirá quando a causa de pedir for causa, porque nesta hipótese a decisão sobre o pedido fará coisa julgada absoluta e a decisão sobre a causa de pedir coisa julgada relativa. No exemplo utilizado, "a afirmação julgada subsistente quanto à causa de pedir tem efectivamente a sua indiscutibilidade limitada à medida que é necessária para ser fundamento da decisão (que A comprou X só é indiscutível para tal ser o título de propriedade de A, não por exemplo como facto constitutivo da obrigação de preço), e tem conseqüentemente força de caso julgado apenas relativo; mas a decisão tem vida autônoma e faz caso julgado absoluto. Não fica coberto pelo caso julgado que A é proprietário de X apenas e na medida em que o comprou: fica coberto pelo caso julgado que A é proprietário de X."

O mesmo ocorre na ação negativa de paternidade. Julgada procedente esta, ficará definido e amparado pela coisa julgada absoluta o fato de que o autor não é pai, jamais podendo ser reaberta tal discussão.

Dessarte, o problema está em definir se a causa de pedir é de fato causa ou condição.

9. Questões, preliminares e prejudiciais

Rememorando as lições de Machado Guimarães, já largamente declinadas neste trabalho, deve ser dito que as questões não adquirem a *auctoritas rei iudicatae*, mas são atingidas pela eficácia preclusiva da coisa julgada. Questões, antes de qualquer abordagem mais profunda sobre o tema acima proposto, são dúvidas sobre pontos de fato ou de direito, levantadas pelas partes, por terceiros com possibilidade de intervir no feito ou surgidas no decorrer do processo, que merecem ser apreciadas pelo julgador, mesmo de ofício, a fim de que possa o feito ser concluído com segurança jurídica suficiente.

Voltando ao início deste tópico, então, merecem transcrição as palavras de José Carlos Barbosa Moreira,[47] *verbis*:

"A eficácia preclusiva da coisa julgada manifesta-se no impedimento que surge, com o trânsito em julgado, à discussão e apreciação das questões suscetíveis de incluir, por sua solução, no teor do pronunciamento judicial, ainda que não examinadas pelo juiz."

Seguindo no seus ensinamentos, o mestre ora citado apresenta[48] exemplo esclarecedor, o qual deve ser integralmente referido:

---

[47] *Temas de Direito Processual*, ensaio A Eficácia Preclusiva da Coisa Julgada Material No Sistema do Processo Civil. São Paulo: Saraiva, 1977, p. 100.
[48] *Temas de Direito Processual*, p. 102.

"Suponhamos, que Caio peça e obtenha, por sentença trânsita em julgado, a condenação de Tício ao pagamento de multa pela infração de certa cláusula do contrato entre ambos celebrado. Tendo pago a multa, volta Tício a juízo e, alegando a nulidade absoluta do contrato, pede a restituição da importância correspondente à pena convencional. A questão da nulidade, conforme o sentido em que fosse resolvida, seria obviamente capaz de influir no resultado do primeiro processo: se o contrato é na verdade nulo, a suposta obrigação não existia, nem havia que cogitar-se da aplicação da cláusula penal. O crédito de Caio, a esse título, em face de Tício, está porém coberto pela autoridade da coisa julgada, e nenhum argumento, utilizado ou não no feito anterior, autoriza a reabertura da discussão – salvo, é claro, mediante rescisão da sentença – em torno da lide decidida. Em nada aproveitará a Tício, no segundo processo, alegar que a validade do contrato não fora objeto de exame e portanto constitui matéria nova: a situação prática é exatamente igual à que ocorreria se a nulidade houvesse sido argüida, sem que se precise 'considerar' (*rectius*: fingir) que ele 'implicitamente' a repeliu."

"Suponhamos agora que Caio proponha nova ação contra Tício para exigir, desta vez, o cumprimento de outra obrigação estipulada no mesmo contrato. A lide não é a mesma, nem depende logicamente a sua solução da que se deu à anterior, relativa às conseqüências do descumprimento de obrigação diversa. Neste segundo feito, a nulidade do contrato, como razão de defesa, pode ser argüida por Tício e livremente apreciada pelo juiz, a quem até competiria examiná-la de ofício (Cód. Civil, art. 146, parágrafo único). Não há, com efeito, coisa julgada sobre a validade do negócio, estranha ao objeto do processo anterior, onde o autor só pedira, e a sentença só pronunciara, a condenação de Tício ao pagamento da multa contratual. Tampouco opera aqui, sobre a questão, a eficácia preclusiva da coisa julgada, pois, seja qual for a solução que se lhe dê, permanecerá incólume a *auctoritas rei iudicatae* da anterior decisão, que de modo nenhum se vê posta em xeque pela mera eventualidade de contradição lógica entre os julgados."

A hipótese, então, evidencia, principalmente, que, mesmo que o problema da nulidade do contrato houvesse sido declinado no primeiro processo, como mera questão que é, não estaria impedida de ser levantada no segundo processo, desde que a lide fosse outra.

Resta provado, também, que as questões não adquirem a qualidade de coisa julgada.

9.1. QUESTÕES PRELIMINARES E QUESTÕES PREJUDICIAIS

São de vital importância, igualmente, os conceitos de questões preliminares e questões prejudiciais, pois influirão decisivamente para a compreensão do alcance da coisa julgada, relativamente aos seus limites objetivos.

A questão prejudicial é aquela que releva para a decisão de uma outra que lhe é posterior, sendo necessária a resolução da prejudicial para que possa ser, da mesma forma, definida a segunda questão ou até mesmo o objeto litigioso ou lide posta em juízo.

A questão preliminar, por sua vez, não é imprescindível, sob o ponto de vista de conteúdo, para a solução da questão que lhe é posterior ou para a própria resolução substancial da causa, mas sem a sua definição não é possível adentrar na decisão em si da questão que lhe segue ou da própria causa.

Thereza Alvim[49] assim manifesta-se sobre o assunto:

"O que importa, portanto, para a distinção entre prejudicial e preliminar, não é, assim, a natureza da questão

---

[49] *Questões Prévias e Os Limites Objetivos da Coisa Julgada.* São Paulo: Revista dos Tribunais, 1977, p. 15.

vinculada, mas o teor de influência que a questão vinculante terá sobre aquela (vinculada)."

"Será prejudicial aquela questão que predeterminar, em sua solução, a outra que lhe está condicionada. Evidentemente, o grau de influência poderá variar. O que deixou claro Barbosa Moreira, é que a prejudicial tanto se pode referir ao mérito da causa como às condições da ação e pressupostos processuais."

"Quanto à preliminar, o problema não oferece maior dificuldade; é aquela de cuja solução depende a de outra, não 'no seu modo de ser, mas no seu próprio ser'; ou seja, preliminares são aquelas que 'conforme o sentido em que sejam resolvidas, oponham ou, ao contrário, removam um impedimento à solução de outras, sem influírem... sentido em que estas outras hão de ser resolvidas'".

9.2. QUESTÕES INCIDENTAIS E OUTROS TIPOS DE QUESTÕES

As questões incidentais são espécies do gênero questões prejudiciais, pois aparecem no meio do processo e precisam ser resolvidas para a perfeita conclusão sobre a lide.

João de Castro Mendes[50] procura definir a questão incidental dizendo o que segue:

"Em técnica jurídica, parece-nos que se deveria chamar questão incidental à que se caracteriza por duas notas: em primeiro lugar, não pertencer aos encadeados de questões logicamente necessárias para a resolução do pleito tal como inicialmente, pela demanda do autor ou pela reconvenção, se desenha (ou por ser estranho em absoluto a esse encadeado, como a questão da falsidade

---

[50] *Limites Objectivos do caso Julgado.* p. 197-198.

dum documento, ou as questões de forma, ou por ser superveniente ao esquema lógico inicial, como a sucessão; em segundo lugar, exigir para sua solução uma tramitação própria e autônoma, processamento eventual, a que chamamos incidente."

Tais características no sentido de ser a "incidental" prévia e autônoma foram observadas também por Savigny,[51] quando disse que são "as que, independentemente do mérito da demanda principal, podem motivar um julgamento definitivo, dispensando o juiz de examinar se a demanda principal é procedente ou improcedente."

Releva frisar, também, que, por serem autônomas, as questões incidentais não se confundem com as questões referentes à causa de pedir, porque estas estão no *iter* normal do *thema decidendum* e aquelas fora. As questões relativas à causa de pedir são chamadas questões fundamentais e consideradas prévias ao tema a ser decidido, ou à lide, objeto principal do processo.

Gize-se, igualmente, que o fato de ser a questão incidental prévia, a diferencia das questões peremptórias, pois estas podem pôr fim ao processo e, em sendo tal de possível ocorrência, não podem ser consideradas prévias ao nada.

Existem, ainda, as questões secundárias ou instrumentais, as quais não são pressupostos lógicos da solução da lide, mas são úteis e necessárias para estas.

João Mendes[52] apresenta o exemplo sobre ser uma determinada testemunha "hábil ou inábil para depor". Nesta hipótese o problema pode ser decisivo para processo específico, mas, de um modo geral, este tipo de problema não integra o "raciocínio lógico-jurídico de que vai emergir o *eventum litis*". Conforme diz o autor comentado, "absurda a dedução: Fulano não pode depor; logo, o autor não tem direito".

---
[51] Idem, p. 195.
[52] Idem, p. 203.

Comenta João Mendes, ainda, sobre as questões impertinentes (*obiter dicta*), que são comentários, argumentações de caráter narrativo que o juiz faz, as quais não são pressupostos normais ou naturais para chegar à decisão. Apresenta o autor[53] como exemplo a hipótese que segue:

"A pediu o levantamento da sua falência com o fundamento de haver pago a todos os seus credores menos a um, B, mas dando este a sua concordância expressa ao pedido. O tribunal decretou o levantamento da falência, fundando-se no nº 2 do art. 212 do Código de Falências, de 1935. Para julgar aplicável esta disposição, o tribunal, sem aliás qualquer base, afirmou que B concordara com o levantamento da falência, 'ou porque já também recebeu o seu crédito, ou porque perdoou ao falido'."

"Seguidamente, B pediu em juízo o pagamento do seu crédito. A opôs-lhe o caso julgado: a 1ª instância teria decidido que o seu crédito havia sido pago ou perdoado. O Supremo considerou improcedente esta excepção, entre outras razões parece que por considerar a negação judicial do crédito de B (perdoado ou pago) meramente hipotética ou enunciativa."

Existem, em continuação, as questões ultrapassadas, que são aquelas em que o juiz decide a causa, mas realiza apreciações hipotéticas absolutamente inúteis e inócuas para o efeito de configurarem a existência de coisa julgada.

O mestre Português[54] ainda apresenta o exemplo que segue:

"...o contrato invocado é nulo, absolvemos o réu do pedido; aliás, se fosse válido, a excepção de pagamento, ou a excepção de anulabilidade por dolo, aduzidas pelo réu, seriam improcedentes (ou seriam procedente – o caso é o mesmo)."

---

[53] Idem, p. 204.
[54] Idem, p. 205.

"Da *conclusio* de um *iter judicandi* nada em princípio se pode concluir sobre o valor de *itinera judicandi alternativos*."

Por último, fala o festejado autor Português das questões indevidamente deduzidas pelo juiz, que são aqueles "recados", "orientações", "conselhos" que eventualmente são vistos em decisões judiciais, as quais não são relevantes para a solução ou fundamentação das conclusões sentenciais.

João Mendes[55] diz que "se o autor pediu contra o réu a anulação de certo contrato e o juiz o decretou, acrescentando algo como: 'agora, se o autor quiser, tem todo o direito a pedir uma indenização' – parece exprimir um parecer, mas não em termos jurisdicionais."

9.3. QUESTÃO PREJUDICIAL, CAUSA PREJUDICIAL E PONTO PREJUDICIAL

Como últimos esclarecimentos necessários sobre os tipos de questões que podem surgir, são de extrema relevância as posições da Professora e Procuradora Thereza Alvim sobre o tema.

Com efeito, nos termos já comentados, a questão prejudicial é a dúvida que necessita ser dirimida, pois sua solução será de vital importância para a formulação do conteúdo da decisão de outra questão que lhe seja posterior ou para a própria decisão da lide.

A causa prejudicial, por sua vez, segundo a autora, "surge efetivamente como 'causa' (lide) no 'mesmo' (através da declaratória incidental) ou 'em outro processo', desde que sejam processos pendentes contemporaneamente. Assim, a prejudicial, se controversa, é 'questão prejudicial', a qual poderá tornar-se uma lide, transformando-se em 'causa prejudicial'."

---

[55] Idem, p. 206.

Relativamente ao ponto prejudicial, surge ele por causa da função positiva da coisa julgada. Ou seja, aspectos fáticos ou jurídicos que tenham transitado em julgado em processo anterior são utilizados em processo posterior, sem qualquer controvérsia, desde que sejam necessários para a resolução da lide posta no segundo processo.

Sobre o ponto prejudicial, assim comenta Thereza Alvim,[56]:

"Já, se a prejudicialidade de uma questão tiver sido, anteriormente ao processo, decidida com força de coisa julgada material, teremos o 'ponto prejudicial'. Igualmente só podemos falar em 'ponto prejudicial' se as partes não levantam a controvérsia sobre uma assertiva da outra."

Feitas estas imprescindíveis distinções, já é possível passar para temas mais objetivos e práticos da questão relativa à coisa julgada.

---

[56] *Questões Prévias e os Limites Objectivos da Coisa Julgada*, p. 28.

10. O artigo 468 do CPC

Segundo Alfredo Buzaid[57], "A Sentença de mérito é, portanto, a resposta do juiz à pretensão do autor, ou mais precisamente o julgamento da lide formulada na petição inicial".

Para Liebman[58] esta atividade é representada da seguinte forma: "A função do Juiz consiste, propriamente, nesta especialização da regra legal abstrata, na formulação do preceito concreto, que resolve a controvérsia submetida a seu julgamento."

Ou seja, em obediência ao princípio dispositivo, é a petição inicial que fornece o norte para a realização da precípua atividade do magistrado no processo.

Tal é relevante para o tema em questão, pois as alegações do réu não modificarão a demanda ou a lide, ao menos que formule pedido reconvencional.

Mais evidente fica o aspecto comentado, quando é considerada a ocorrência da revelia, por intermédio da qual, em que pese a falta de uma resistência expressa, será a lide resolvida em todos os seus termos e jamais alguém poderá defender a inexistência de lide, neste caso.

No artigo 468 do CPC, primeiramente é lida a referência ao julgamento total ou parcial da lide.

Moacyr Amaral Santos[59] informa que "no caso de pedidos cumulados", se a Sentença "foi omissa quanto a um

---

[57] *Do Agravo de Petição*, p. 107.
[58] *Revista Forense*, v. 109, p. 336.
[59] *Comentários ao Código de Processo Civil*, p. 434.

dos pedidos ou a um dos capítulos em que se compõe o pedido, tendo transitado assim em julgado" e "Sobre o pedido omitido na sentença, ou capítulo do pedido omitido na sentença, mesmo apesar dos embargos de declaração (arts. 464, 535, número II), não houve decisão: a lide foi decidida 'parcialmente'".

Discordamos desta posição, pois uma formulação legal não pode ser entendida pela exceção, muito menos pode ser interpretada considerando um erro inaceitável, como o citado acima.

Ovídio Baptista da Silva[60] assim manifesta-se sobre o tema, comentando a doutrina de Carnelutti constante no Código Brasileiro:

"Para ele, demanda é 'a lide contida no processo', a porção da lide que o demandante submete ao juiz. As outras 'partes' da lide teriam ficado fora do processo e, nesse caso, não integram a demanda. Daí a conhecida doutrina do que Carnelutti denomina 'processo integral e processo parcial'".

Esta última, sem dúvida, é a melhor formulação.

Relativamente ao problema que suscita maiores controvérsias, qual seja o significado e alcance da palavra "questão" inclusa no dispositivo, devem ser reapreciados os ensinamentos de Schwab sobre a matéria.

Com efeito, o grande problema surge quando é confrontado o artigo 468 com o artigo 474, ambos do CPC.

O primeiro diz que todas as questões decididas farão coisa julgada.

O segundo diz que adquirirão a qualidade da coisa julgada todas as questões ou alegações e defesas deduzidas e dedutíveis, ampliando ainda mais o campo de abrangência da *auctoritas rei iudicatae*.

Voltemos, então, aos conceitos de "sucessos" ou "sucessos históricos" (expressão utilizada pelo Professor

---

[60] *Sentença e Coisa Julgada*. 2. ed., Sérgio Fabris, 1988, p. 157.

Ovídio Baptista), para entendê-los como o conjunto de circunstâncias espacial e temporariamente individualizados e integrante da causa de pedir, ou seja, os fatos específicos que compõem a *causa petendi*.

No exemplo apresentado pelo Mestre citado, em um contrato de parceria agrícola o proprietário da gleba pleiteia a rescisão do mesmo por infração contratual, sendo a causa de pedir a ocorrência culposa de danos à colheita por má administração da empresa rural.

Declinado na petição inicial que tal ocorreu porque o parceiro-agricultor realizou incorretamente o preparo da terra e pelo fato de ter lançado à terra semente imprópria. Tal delimitação circunstancial não impedirá o magistrado de julgar procedente a demanda pelo reconhecimento de que fora utilizado defensivo agrícola inadequado.

Isto decorre do fato de que o relevante é a causa de pedir, e não os fatos, as circunstâncias, os sucessos históricos, para a delimitação objetiva da coisa julgada.

Discorrendo sobre o tema, procura demonstrar o Autor ora comentado que "na ação de rescisão do contrato parciário, nem se pode considerar como *causa petendi* o elemento fáctico 'danos à colheita em virtude de utilização de sementes impróprias' e nem o extremo oposto, ou seja 'rescisão do contrato', 'quaisquer que sejam os fatos praticados pelo réu'. Nem a irrelevância absoluta e nem a completa relevância dos fatos."

Continuando o autor: "Está claro que a circunstância de não mencionar o autor na inicial o fato da danificação à gleba não poderá ter a virtude de diminuir a dimensão da lide, pois se admitíssemos isso, de duas uma: ou estar-se-ia a dar relevo à 'efetiva controvérsia' das questões como índice para os limites da coisa julgada; ou teríamos que a lide com os dois argumentos 'exposto', em verdade, não seria uma lide, mas duas lides cumuladas."

É exatamente neste ponto que emerge de maneira cristalina a fabulosa contribuição de Schwab[61], quando comenta sobre as "solicitudes", dizendo que "La pauta para determinar la unidad o pluralidad de pretensiones procesales está dada pues por la unidad o pluralidad de solicitudes", estas sendo entendidas como a pretensão processual, o objeto litigioso.

As pretensões materiais, os "estados de coisas", os sucessos históricos, portanto, não são o índice para o estabelecimento da coisa julgada, apesar de igualmente não serem irrelevantes.

De fato, os sucessos históricos servem para interpretar o pedido e a causa de pedir, pelo que, em uma segunda demanda, se recorrerá a eles para saber se as novas circunstâncias espaciais e temporais já não estão abrangidas pela decisão do primeiro processo.

Como diz o Professor Ovídio, esta solução contém um grande subjetivismo, mas se constitui em formulação teórica e prática de extrema relevância para a correta delimitação objetiva da coisa julgada.

Citando Schwab, o Mestre Gaúcho[62] assim conclui:

"Assim, pois, tem-se que fica excluída do novo processo toda alegação do autor tendente a dar uma imagem ou criar um juízo que discrepem do material processual do processo decidido com autoridade de coisa julgada. Ao contrário, se a nova alegação não guarda relação com o material do primeiro processo, ela não ficará excluída nem pela coisa julgada, nem pelo efeito de exclusão alheio à coisa julgada, ainda que os fatos hajam podido ser exposto já no primeiro processo."

Resulta que, se "proposta uma ação de despejo fundada no fato de que o inquilino não cumpriu o contrato, na cláusula em que se obrigara a pintar o imóvel e reparar os assoalhos, uma vez rejeitada a ação por não provados tais fatos, poderá o locador propor uma segunda ação em

---

[61] *El Objeto Litigioso*, p. 125.
[62] *Sentença e Coisa Julgada*, p. 169.

que alegue que o locatário infringira outra cláusula contratual de que resultou o corte no fornecimento de energia elétrica e do telefone por falta de pagamento, obrigações essas que lhe cabia. Parece que o material do primeiro processo não abrange o fundamento do segundo. Há evidente incompatibilidade entre o "estado de coisas das duas demandas..."[63].

Como conclusão sobre este compartimento propositadamente direcionado às lições do Mestre Gaúcho e do Mestre de Nüremberg, podemos dizer que a palavra questão, inclusa no artigo 468 do CPC, deve ser compatibilizada com o artigo 474 do mesmo Código, no sentido de que, no caso concreto, as questões decididas ou que poderiam ter sido decididas, caso houvessem sido deduzidas, somente serão abrangidas ou atingidas pela função negativa da coisa julgada caso guardem relação com o material processual decidido no primeiro processo, o qual terá como norte a lide, o objeto litigioso, a pretensão processual, e não as pretensões materiais, os estados de coisas, os sucessos históricos que, por ventura, tenham sido utilizados no primeiro feito.

Alguns pontos sobre o problema ora comentado precisam ser declinados.

Não somente as questões decididas são afetadas pela eficácia preclusiva da coisa julgada, como também as questões que, passíveis de conhecimento *ex officio*, não tenham sido examinadas pelo magistrado.

Também as que tenham sido argüidas, mas não apreciadas pelo juiz, assim como, nos termos do artigo 474, as questões que não tenham sido levantadas (dedutíveis).

Para que a questão, de fato, sofra os reflexos da eficácia preclusiva não é perquirido sobre seu conhecimento ou não pela parte. Tal é irrelevante, bastando, apenas, que o fato já tenha acontecido, eis que as questões consti-

---

[63] Idem, p. 168.

tuídas por fatos supervenientes não são atingidas pela preclusão máxima.

Releva, igualmente, mencionar que o artigo 517, do CPC autoriza que sejam as questões de fato propostas no juízo de segundo grau, desde que não tenha sido possível argüi-las na primeira instância, por motivo de força maior.

O mesmo não ocorre, caso tenha havido o trânsito em julgado, ensinando Barbosa Moreira[64] que "a ocorrência da força maior só é relevante para afastar a eficácia preclusiva do julgamento de primeiro grau; não é relevante para afastar a eficácia preclusiva da 'coisa julgada'".

---

[64] *Temas de Direito Processual*, p. 108.

11. Decisões que não produzem coisa julgada

Conforme ficou bastante claro em nossa posição, a coisa julgada é uma qualidade outorgada por lei a determinadas decisões que, após terem se esgotado todos os recursos cabíveis, assume condição de imutabilidade e indiscutibilidade.

Portanto, decorre tal outorga legal do próprio interesse estatal em realizar a paz social, evitando que discussões intermináveis venham a prejudicar o convívio interpessoal.

Entendeu o legislador, então, de não estender esta qualidade aos procedimentos de jurisdição voluntária, já que nestes feitos, de um modo geral, não existe, inicialmente, lide, sendo que o fenômeno jurídico da coisa julgada é marca das decisões que apreciam a lide.

Correta a postura legal, eis que é interessante para a efetivação da paz social, em causa de jurisdição voluntária, exatamente a possibilidade e necessidade de alteração de comandos legais anteriormente ditados em eventual sentença.

As sentenças terminativas, por sua vez, podem fazer coisa julgada, em que pese a existência do comando incluso no artigo 268 do CPC.

Neste sentido é a lição de Galeno Lacerda,[65] palavras que se transcrevem:

---
[65] *Despacho Saneador*. 3. ed. Porto Alegre: Sérgio Antonio Fabris, p. 158.

"Fará coisa julgada o despacho que decretar a carência de ação por faltarem ao autor as condições de exercício, relativas à possibilidade jurídica do pedido e à legitimação para a causa; assim como terá o mesmo efeito o que acolher defesa do réu baseada em fato extintivo do pedido (prescrição, compensação, novação, perempção, coisa julgada, pagamento, transação, etc.)".

"Qualquer dessas decisões não só julgará o mérito da pretensão, repelindo-a por desamparo legal, como porá termo definitivo ao litígio. Seus efeitos se projetam, assim, além do processo, impedindo a renovação da demanda entre as mesmas partes, em torno do mesmo objeto, e pelo mesmo título. É quanto basta para caracterizar a coisa julgada."

"Nota (10): O que declarar o autor carecedor da ação por falta de interesse, não fará coisa julgada material, provocará simples preclusão."

"Quando a matéria decidida tiver repercussão puramente processual, nada influindo sobre a *res* litigiosa, costuma a doutrina atribuir à decisão efeitos preclusivos, no sentido de não se poder renovar a questão no mesmo processo."

O mesmo não ocorre com as decisões interlocutórias, as quais podem ser atingidas pela preclusão, ou seja, perda da capacidade de impugnação dentro do processo por ter-se escoado o lapso de tempo legal, mas as questões nelas apreciadas não adquirem a autoridade da coisa julgada material.

Neste particular inclusive é oportuno referir que, mesmo que tenha passado a oportunidade de impugnar as questões declinadas em decisão interlocutória, ainda assim poderão ser elas apreciadas no mesmo processo, desde que tratem dos problemas constantes no artigo 267, IV, V e VI, do CPC, segundo dispõe o comando do parágrafo 3º do mesmo artigo.

Galeno Lacerda[66] inclusive comenta que "se conclui que a preclusão no 'curso do processo' depende, em última análise, da disponibilidade da parte, em relação à matéria decidida."

Assim, caso trate a questão de nulidade absoluta, ou seja, "infração de norma imperativa que visa ao interesse público", configuradora de indisponibilidade, a qualquer tempo poderá ser reapreciada a questão decidida.

Por outro lado, caso seja nulidade relativa (disponível) ou anulabilidade, poderá precluir a questão, por a parte não ter se valido do momento oportuno.

Os despachos de mero expediente dispensam maiores comentários, já que sua função é meramente processual, pelo que se orientam para instrumentalizar, não havendo interesse em qualquer tipo de produção de efeitos externos ao feito em que foram prolatados.

Problema mais complexo ocorre nas ações cautelares, já que algumas delas podem ser confundidas com tutelas urgentes satisfativas.

Segundo comenta Moacyr Amaral Santos,[67] as cautelares não fazem coisa julgada. Essas suas palavras:

"Revogáveis ou modificáveis a qualquer tempo e subordinadas à Sentença no processo principal, as decisões proferidas em processos cautelares, preventivos ou preparatórios, não podem produzir coisa julgada, que pressupõe a imutabilidade do julgado."

O Professor Ovídio Baptista da Silva,[68] alude à chamada "tutela urgente satisfativa autônoma", dizendo o que segue:

"Já quanto à ação 'cautelar' para obter a liberação dos cruzados, ninguém poderá duvidar de seu caráter rigorosamente satisfativo e definitivo, a dispensar uma ação principal posterior, que onere o autor. Em verdade,

---
[66] Idem, p. 161.
[67] *Comentários ao Código de Processo Civil*, p. 439.
[68] *Curso de Processo Civil*. Vol. III, p. 56.

bem examinadas as coisas, a decisão que, sob a forma de liminar, houver ordenado a liberação dos cruzados, nas circunstâncias descritas, constitui desenganadamente uma sentença de mérito, que nem mesmo é provisória. Com efeito, a entrega do numerário reclamado pelo autor, é sem dúvida, definitiva e, além disso, escudada em *juízo declaratório* sobre a inconstitucionalidade da medida governamental, determinante da retenção dos cruzados. Além disso, os efeitos dessa liminar são definitivos e irreversíveis, pois o bem jurídico que a União Federal, no caso, pretendera proteger (o recrudescimento do processo inflacionário) estaria irremediavelmente comprometido por essa sentença liminar. Uma demanda posterior que declarasse a inexistência do direito ao bloqueio e ordenasse a restituição do numerário ao Banco Central não faria o menor sentido, dado que as conseqüências do provimento liminar seriam irreversíveis."

É bem verdade que o autor acima citado faz, com precisão, uma distinção fundamental entre tutela cautelar e tutela satisfativa urgente, merecendo transcrição o ensinamento constante no livro comentado:

"A tutela cautelar tem por objeto a proteção de direitos cuja existência seja apenas provável, sempre que a urgência, que é condição essencial para a tutela de segurança, impeça qualquer investigação probatória capaz de comprovar sua efetiva existência. Se, ao contrário, o direito é 'evidente' e não só 'aparente', então justifica-se a prestação de tutela satisfativa imediata, tal como prevê o art. 808 do 'Nouveau Code de Procédure Civile' Francês, que autoriza a concessão de 'référé' de todas as medidas contra as quais não se oponha alguma contestação séria...". (p. 56)

Importante para a análise do tema ora analisado o artigo no qual o Mestre Ovídio Baptista[69] discorre sobre

---

[69] *Revista da Ajuris* nº 51, p. 126.

as Decisões Interlocutórias e Sentenças Liminares, Trabalho este apresentado no XVI Congresso Nacional de Derecho Procesal, realizado em Buenos Aires, em outubro de 1991, sendo imperativa tal referência.

Figuremos, ainda, o exemplo de uma ação de exibição de documentos.

Vivenciamos na experiência profissional oportunidade em que foi necessário requisitar contratos bancários, a fim de saber se, sob o ponto de vista preventivo e abstrato, continham cláusulas abusivas, nos termos do artigo 51, do Código de Defesa do Consumidor.

Feita a requisição pelo Ministério Público, alguns Bancos negaram-se a entregar os formulários, os contratos de adesão, tendo sido necessário o ingresso de tutelas de urgência satisfativas, como única forma de definir sobre a existência ou não de nulidade.

Proferida a sentença de procedência, os documentos foram entregues, pelo que transitou em julgado a decisão em processo com características cautelares, já que preparatório de eventual ação principal de nulidade de cláusulas.

Também poderia, após o exame dos documentos, ser concluído que inexistiam abusos e, neste caso, a sentença na exibição de documentos seria o provimento final sobre a questão, sequer exigindo nova ação principal.

Por todos estes aspectos é que parece que a questão da coisa julgada nos provimentos de urgência deva ser aferida caso a caso, não sendo segura qualquer posição que negue categoricamente tal possibilidade.

Todavia, em processos rigorosamente cautelares, ou seja, tendentes, simplesmente, a assegurar direitos prováveis, a conclusão é a de que não é possível o reconhecimento de coisa julgada.

12. O artigo 469 do CPC

Após os argumentos e conceitos já abordados supra, especificamente na parte onde comentamos sobre o artigo 468 do CPC, torna-se desnecessário tecer profundos comentários sobre o artigo em questão, sob pena de ficar o trabalho repetitivo.

Apenas para solidificar conceitos, citamos a lição de Gabriel Rezende Filho,[70] o qual refere o que segue:

"As 'premissas' da sentença não têm força de coisa julgada, ensina Eduardo Couture (obra cit. n° 221), mas adquirem, excepcionalmente, essa força quando o dispositivo a elas aludir de modo expresso, e ainda no caso de constituírem um antecedente lógico absolutamente inseparável (questão prejudicial) do dispositivo."

"Suponhamos, ainda, que, numa ação de cobrança de dividendo de uma ação de sociedade anônima (o exemplo é de Eduardo Couture), defendendo-se o réu alegando ser falso o título apresentado pelo autor."

"Reconhecendo o juiz a falsidade, a sentença, embora haja rejeitado apenas o pedido de cobrança do cupom de dividendo, faz também coisa julgada em relação à falsidade, de modo que o interessado não poderá voltar de novo a juízo a fim de cobrar os demais cupons do mesmo título."

A estes ensinamentos, entretanto, precisam ser acrescentados outros elementos, pois não é qualquer

---

[70] *Curso de Direito Processual Civil*. Vol. III. 2. ed. São Paulo: Saraiva, 1951, p. 72.

questão prejudicial que fará coisa julgada, aliás, tal está expresso no inciso III do artigo 469 do CPC.

Ou seja, para que a questão prejudicial possa adquirir autoridade de coisa julgada, imprescindível que seja 'declarada', nos moldes previstos no artigo 470 do diploma processual civil, dispositivo este que será examinado no item seguinte.

Os motivos, segundo Moacyr Amaral Santos,[71] citando Liebman, servem "para determinar com exatidão a significação do alcance do dispositivo", pelo que não adquirem a qualidade da coisa julgada.

A verdade dos fatos igualmente não adquire tal qualidade e isto se dá, segundo lição de José Frederico Marques[72] porque "se trata de questão apenas abordada para o juiz motivar a sentença, e não do bem jurídico que com a ação o autor exigiu.". Continuando o mestre "Premissas do Julgamento, que se consubstanciam em quaestiones iuris ou quaestiones facti, não se tornam imutáveis, por força da coisa julgada, porque esta só atinge o objeto do pedido e a *causa petendi*."

Para ficar mais evidenciada esta limitação, afirma Frederico Marques que "De tudo se deduz que a coisa julgada alcança a parte dispositiva da sentença ou acórdão, e ainda o fato constitutivo do pedido (a *causa petendi*). As questões que se situam no âmbito da *causa petendi* igualmente se tornam imutáveis, no tocante à solução que lhes deu o julgamento, quando essas questões se integram no fato constitutivo do pedido: a propriedade na ação reivindicatória, a existência de vício de vontade na ação para anular negócio jurídico, o inadimplemento do devedor na ação de resolução de contrato, etc.".

Conforme já dito, na medida em que a problemática ora atacada não gera maiores problemas, diante do que já foi estudado antes, passamos, logo, à análise da ação declaratória incidental.

---

[71] *Comentário ao Código de Processo Civil*, p. 440.
[72] *Manual de Direito Processual Civil*. Vol. III. 9. ed. São Paulo: Saraiva, 1987, p. 241.

13. Do artigo 470 do CPC

Conforme ficou bastante claro ao longo deste trabalho, a coisa julgada é uma exigência de natureza política, que objetiva realizar a paz social.

Galeno Lacerda[73], em palestra publicada na Revista do Ministério Público, comentou sobre o assunto dizendo que:

"...A coisa julgada nada mais é do que uma exigência de natureza política, e não propriamente jurídica. Por que? Porque há necessidade de que os conflitos tenham fim, daí esse efeito de imutabilidade da sentença que julga o mérito dos litígios, das demandas. Entretanto, vejam os senhores, no momento em que o interesse da parte ou o interesse público em conflito for de tal transcendência que supere esse valor político ínsito na coisa julgada e traduzido na imutabilidade do julgado, no momento em que isto ocorrer afasta-se este efeito da *res iudicata*. Exemplos: no direito de família os valores humanos são de tal ordem importantes e transcendentes que nele as sentenças não podem ser imutáveis."

Pois é exatamente este o motivo da existência da ação declaratória incidental. Ou seja, tendo havido controvérsia sobre questão prejudicial e sendo ela imprescindível para o julgamento da lide, permite a lei que o autor ou o réu requeiram que o juiz declare, resolvendo o ponto da nova divergência eventualmente surgida.

---
[73] *Revista do Ministério do Rio Grande do Sul*, nº 19, sobre a Ação Civil Pública, 1986.

A base legal para este procedimento processual está nos artigos 5º e 325 do Código de Processo Civil, sendo que o artigo 470 contém a menção ao aspecto da coisa julgada, a qual decorrerá da concretização da norma legal aplicável ao caso, isto é, da declaração judicial.

Segundo comenta Moacyr Amaral Santos,[74] como legítima ação que é, a declaratória incidental tem como condições o fato de o seu objeto poder ser considerado uma ação autônoma, a controvérsia deverá ocorrer sobre tema que seja pressuposto para o julgamento da lide, o ponto necessariamente deverá ser controvertido e, por último, o juiz competente para julgar a lide principal também deverá sê-lo, em razão da matéria, para definir o objeto da lide incidental.

José Carlos Barbosa Moreira[75] procura até mesmo fazer uma analogia da ação declaratória incidental com a reconvenção dizendo que "...Apesar, porém, dos pontos de contato e até de certa 'fungibilidade' que entre eles às vezes se observa, os dois institutos são distintos nos seus requisitos de admissibilidade e na sua disciplina formal."

De fato, o conteúdo da ação ora comentada é exclusivamente declaratório, enquanto a reconvenção poderá conter eficácias diversas, pelo que é mais amplo o seu espectro de abrangência eficacial.

Dentre outras diferenças, a realidade é que ambas podem ser propostas com a contestação, após esta somente sendo autorizado à 'incidental' ser interposta, conforme permissivo incluso no artigo 303 do CPC.

Com efeito, o prazo para a propositura da incidental para o autor é de 10 dias, a partir do momento em que tiver sido intimado da contestação que suscitou o novo ponto controvertido, conforme determina o artigo 325 do CPC.

---

[74] *Comentários ao C.P.C*, p. 444.
[75] *O Novo Processo Civil Brasileiro*. 11. ed. Rio de Janeiro: Forense, 1991, p. 111.

Para o réu não existe prazo expresso, comentando Barbosa Moreira[76] que:

"...Considerações de ordem prática, ligadas à conveniência de evitar-se o tumulto processual, que poderia fornecer armas à chicana, aconselham a que não se estenda além da fase postulatória, ao menos como regra, a possibilidade de requerer o réu a declaração da existência ou da inexistência da relação jurídica prejudicial. Ele o fará, em princípio, na mesma oportunidade da contestação, cumprindo, entretanto, aqui também, ressalvar as hipóteses de que cuida o art. 303.".

Como é uma ação incidente ao processo principal, entendemos que a melhor conduta processual é a instrução simultânea, a fim de que ambas ações cheguem no mesmo momento à fase sentencial. Aliás, seguindo as próprias regras da conexão e da continência, previstas no artigo 105 do CPC.

Logicamente que na sentença antes será julgada a prejudicial, pois é pressuposto decisório da causa principal.

---

[76] Obra citada, p. 112.

14. Do artigo 471, sentenças determinativas ou continuativas

Importa abordar o tema, posto que existem sentenças que têm seus comandos tornados desatualizados, se é que é permitida a figura de linguagem, devido à ação do tempo e à alteração de elementos fáticos ou de direito que foram a base do julgado.

Estas são as chamadas sentenças continuativas ou determinativas, as quais trazem implícita a cláusula *rebus sic stantibus*.

Exemplo clássico de tais decisões são as relativas à concessão de alimentos, as quais adotaremos como paradigma para a explanação.

A primeira questão que vem à tona diz respeito ao fato de que uma eventual alteração de valor dos alimentos por sentença posterior, poderia atingir a coisa julgada material operada por ocasião da prolação da primeira decisão?

A resposta é, obviamente, negativa, pois a primeira sentença fora exarada tendo por fundamentos os elementos fáticos e de direito existentes na época pretérita, resultando de tal prestação jurisdicional a concretização da norma legal abstrata. A declaração judicial decorrente, por conseqüência, continuará a ser imutável, consideradas as mesmas bases que valeram para a composição do ato do juiz.

A sentença posterior que viesse a alterar resultados antes determinados em sentença não atingiriam esta, uma vez que a segunda sentença estaria concretizando determinada norma abstrata a partir de novos elementos fáticos ou jurídicos, não havendo dúvidas de que, em assim ocorrendo, outra declaração judicial estaria sendo lançada e, repita-se, diversa da anterior.

A cláusula *rebus sic stantibus*, de muita aplicação no direito obrigacional, trata, portanto, especificamente do desaparecimento das bases do ato jurisdicional primeiramente emitido, pelo que não seria justo e sensato que este último perdurasse íntegro, quando seus alicerces já não mais existem.

O dispositivo sob análise encontra respaldo e ganha vigor pela sua utilidade, sendo que, inclusive, vem sendo consagrado por legislações alienígenas e estava, também, no antigo Código de Processo Civil Brasileiro, no artigo 289.

Sobre este artigo Pontes de Miranda[77] assim ensinava:

"Quando, em caso de condenação a prestações periódicas futuras, as circunstâncias se modificarem de tal maneira, que não mais se justifiquem as prestações, no todo, ou em parte, ou a própria condenação, ou a duração delas, – cabe à parte reclamar pela chamada ação de modificação."

Esta ação de modificação deverá ser intentada em processo diverso do em que foi prolatada a primeira sentença, tudo isto indicando a indiscutibilidade dos comandos, das eficácias daquele julgado inicial.

No mesmo livro acima citado o Mestre Pontes esclarece que a sentença na ação de modificação possui efeitos *ex nunc*, pelo que, obviamente, não retroagem à data em que foi exarada a primeira sentença.

---

[77] *Comentários ao Código de Processo Civil*. Tomo IV. 2. ed. Rio de Janeiro: Forense, p. 117.

Continuando seu ensinamento, afirma que "Não há dúvida que a ação de modificação não diz respeito à não-existência, nem à não-validade da sentença que se quer executar. Tão-somente à interpretação, ou versão, da sua eficácia. Houve modificação essencial e imprevista das circunstâncias que foram pressuposto para a condenação quando ao futuro, a determinação do importe no futuro e a duração da prestação no futuro." (p. 121)

Também sobre o tópico existe a regra do artigo 401 do Código Civil, a qual, com perfeição, expõe o problema das prestações alimentares.

Sem maiores delongas, relativamente ao inciso II do dispositivo analisado, os artigos 462, 463, 464 e 527, parágrafos 4º e 5º tratam de exceções legais ao *caput* do artigo 471.

15. Conclusão

Feito todo este percurso jurídico, é possível concluir que, de fato, o que adquire o "selo" da indiscutibilidade ou da imutabilidade é o conteúdo da sentença, desde que ela contenha força declaratória suficiente e na medida em que tenha transitado em julgado e adquirido a qualidade de estar julgada.

Com efeito, deve ser reproduzido o alerta no sentido de que toda sentença possui um conteúdo, o qual somente será relevante para o fim de estabelecer os limites da coisa julgada no momento em que, pela preclusão dos recursos, não mais puder ser modificado este mesmo conteúdo sentencial.

O conteúdo da sentença, por sua vez, indubitavelmente, é composto pela soma de todas as eficácias e, no caso das sentenças declaratórias e constitutivas, também pelos efeitos respectivos, na forma do que muito bem expôs o Mestre Ovídio Baptista da Silva, no seu livro *Sentença e Coisa Julgada*, relativamente a este último aspecto.

Merece destaque, todavia, que o Professor Ovídio Baptista[78] presta outros valiosos esclarecimentos na 3ª edição da sua monografia sobre a *Sentença e a Coisa Julgada*, dizendo o que segue:

"É indispensável que se faça, portanto, uma distinção entre conteúdo da sentença e mérito da causa. Mérito

---
[78] *Sentença e Coisa Julgada*, 3. ed. Porto Alegre: Sergio Antonio Fabris, 1995, p. 311.

é julgamento, apenas, de procedência ou improcedência. A sentença de procedência, no entanto, poderá ter outras eficácias, como partes do seu conteúdo."

Desta lição consegue o doutrinador fazer distinção fundamental, evidenciando que lide não é composta apenas pelo mérito da causa, mas por todos os elementos que integrarão o conteúdo da sentença, sejam provimentos mandamentais, executórios, constitutivos, condenatórios ou declaratórios.

Na mesma edição atualizada[79] define o Dr. Ovídio seu pensamento dizendo:

"Os três pontos de vista, neste particular se equivalem: o conteúdo do ato jurisdicional fica, para Liebman e Barbosa Moreira, imutável, enquanto para nós apenas uma porção de seu conteúdo – o efeito declaratório – adquire o selo da indiscutibilidade."

Ainda sobre o tema[80]:

"Sendo assim, parece indiscutível que a declaração de que o réu cometera esbulho possessório integra o conteúdo da sentença de mérito. Já a execução dessa sentença...não será mais conteúdo das sentenças de mérito... A ordem estará, sem dúvida, na sentença, formando-lhe o conteúdo. Mesmo assim, enquanto ordem, enquanto determinação sentencial de que se cumpra a sentença, esta porção da sentença, não será um julgamento, menos ainda um julgamento de mérito. Ela será conseqüência do julgamento de procedência da ação."

De todos estes ensinamentos resulta a convicção ainda maior de que, efetivamente, a autoridade da coisa julgada atinge todo o conteúdo da sentença, e não somente a eficácia declaratória.

Veja-se que até mesmo o ato de expedir uma ordem mandando executar a sentença contra o réu perdedor da

---

[79] Idem, p. 313.
[80] Idem, p. 310.

ação de esbulho possessório é uma declaração, ou seja, é a concretização de uma norma abstrata, especificamente para aquela situação litigiosa colocada em juízo.

De fato, se é certo reconhecer declaração judicial quando o Estado-Juiz concretiza a norma, dizendo que B deve ser retirado da posse porque A foi esbulhado por aquele, igualmente certo é reconhecer declaração judicial quando o Estado-Juiz concretiza a norma, dizendo que B deve sair imediatamente porque A teve declarado em seu favor que fora esbulhado por B.

A situação é a mesma porque existe, de maneira semelhante, regra fundamental dizendo que não é permitida a vingança privada, assim como também não é permitido que A, de posse da sentença declarando sua vitória, por "força" própria, retire B da sua gleba. Então é preciso uma "ordem" do Estado-Juiz que, em substituição ao particular, prestando jurisdição, diga, declare que existe norma para aquela situação, prevendo que, se B não quiser sair espontaneamente, será retirado por mandado judicial. Ou seja, também no ato jurisdicional de executar ou mandar é feita a concretização da norma, é feita declaração, todos estes elementos compondo o conteúdo da sentença.

No exemplo ora analisado pode até acontecer que B saia da área sem qualquer imposição e, neste caso, os efeitos da ordem de retirada dele, ou seja, os efeitos decorrentes da eficácia executória sequer necessitariam ser manifestados. Todavia, porque também integrantes do conteúdo da sentença e devido ao fato de que a autoridade da coisa julgada atinge diretamente o conteúdo sentencial, na medida em que B retornasse ao mesmo local da gleba antes litigiosa, a eficácia executória seria imediatamente implementada e, aí sim, os efeitos dela decorrentes seriam externados por determinação do organismo estatal.

Assim, concordamos com o Eminente Professor Sérgio Gilberto Porto[81], quando expõe que: "imutabilidade do conteúdo ou imutabilidade do elemento declaratório, em essência, não diferem."

E de fato não diferem, porque é alicerce de qualquer eficácia integrante do conteúdo da sentença a declaração judicial prestadora de jurisdição, a qual concretiza, atualiza, torna específica a norma abstratamente prevista, para a situação litigiosa apreciada.

Não pode ser olvidado, e talvez seja este o motivo das grandes divergências, que fazemos nossa conclusão única e exclusivamente tendo em vista o aspecto jurídico da questão. Melhor explicando, a sentença, como ato, atividade concreta elaborada pelo Magistrado, sempre será uma declaração, na qual o Estado-Juiz diz quais são as normas aplicáveis ao caso. Todavia, a sentença, sob ponto de vista jurídico, pode trazer em seu conteúdo eficácias declaratórias, constitutivas, executórias, mandamentais e condenatórias, motivo pelo qual entendemos que o correto é dizer que a autoridade da coisa julgada torna indiscutíveis estes aspectos jurídicos precisamente como são identificados e não somente o ato, a atividade de declaração da qual eles emanaram.

Em qualquer exemplo que seja adotado, como decorrência dos efeitos positivo ou negativo da coisa julgada, efeitos panprocessuais emanarão diretamente de cada uma das eficácias integrantes do conteúdo da sentença já trânsita em julgado, e não somente da eficácia declaratória.

Na forma comentada no início deste trabalho, o conceito de jurisdição é fundamental para o entendimento da coisa julgada. Dessarte, sempre que o Magistrado disser qual é o direito aplicável, em substituição ao particular, seja declarando, constituindo, mandando, executando ou condenando, estará criando potencialidades, eficácias, que, após a preclusão dos recursos, se tornarão indiscutí-

---

[81] *Revista da Ajuris*, sobre a classificação das ações, sentenças e coisa julgada, nº 61:61, julho de 1994, Porto Alegre.

veis endo e pan-processualmente falando, uma vez que integrantes do conteúdo da sentença, o qual é atingido pela autoridade da coisa julgada.

Ainda sobre o tema, comenta o festejado Mestre Barbosa Moreira[82] o que segue:

"Será que, passada em julgado a sentença condenatória, pode continuar-se a discutir, de modo juridicamente relevante – e mesmo fora das hipóteses legais de fato superveniente –, o direito do vencedor à execução, ou apenas já não se pode discutir a existência do crédito declarado exigível em face ao réu?"

Mais adiante[83], no mesmo sentido é a lição do Eminente Doutrinador:

"Parece-nos arbitrário afirmar que a eficácia do elemento declaratório 'consiste em vincular as partes à declaração'. Primeiro, já se pressupõe aí o que seria preciso demonstrar, a saber: que as partes só ficam vinculadas à declaração, e não à constituição, nem à condenação. Em segundo lugar, atribui-se à própria sentença, ou a uma parte dela, a aptidão para criar por si o referido vínculo. Ora, o vínculo não resulta da sentença, resulta da coisa julgada; e, se se replicar que esta constitui justamente o efeito da declaração, ter-se-á encerrado o raciocínio num círculo vicioso."

Por último[84] arremata o Mestre:

"A indiscutibilidade é *plus* que a lei, com bem conhecidos objetivos de ordem prática, imprime – como poderia deixar (e às vezes de fato deixa) de imprimir – não apenas à declaração, mas a todo o conteúdo decisório da sentença. É, pelo menos, o que ocorre no direito pátrio."

---

[82] *Temas de Direito Processual*. São Paulo: Saraiva, 1977, p. 82.
[83] Idem, p. 87.
[84] Idem, p. 87.

Em assim sendo, colhidas valiosas lições de grandes doutrinadores, nossa posição está bastante em conformidade com o que disseram Barbosa Moreira e Sérgio Gilberto Porto, relativamente à autoridade da coisa julgada, sendo que, no tocante ao conteúdo, entendemos deva ser acrescentado o entendimento de Ovídio Baptista da Silva, quando inclui neste os efeitos declaratório e constitutivo, como passíveis de emanar diretamente da sentença, imediatamente após o seu trânsito em julgado.

Bibliografia

ALVIM, Thereza. *Questões Prévias e Os Limites Objetivos da Coisa Julgada*. São Paulo: Revista dos Tribunais, 1977.

BAPTISTA DA SILVA, Ovídio. *Curso de Processo Civil*, vol. I, Porto Alegre: Editor Sérgio Fabris.

——. *Sentença e Coisa Julgada*, 2. e 3. ed., Porto Alegre: Editor Sérgio Fabris.

——. *Revista da Ajuris* nº 51.

BATISTA, Paula. *Compêndio de Teoria e Prática do Processo Civil*, 8. ed., par. 185, inc. I, São Paulo: Saraiva.

BARBOSA, Antonio Alberto Alves. *Da Preclusão Processual*. 2. ed. São Paulo: Revista dos Tribunais, 1992.

BARBOSA MOREIRA, José Carlos. *Direito Processual Civil, Ensaios e Pareceres*. Rio de Janeiro: Borsoi, 1971.

——. *Temas de Direito Processual*. São Paulo: Saraiva, 1977.

——. *O Novo Processo Civil Brasileiro*, 11. ed. Rio de Janeiro: Forense, 1991.

BUZAID, Alfredo, *Exposição de Motivos do Projeto nº 810/72* (Anteprojeto do Código Civil), Diário do Congresso Nacional, Suplemento número 99, de 28 de setembro de 1972.

——. *A Ação Declaratória no Direito Brasileiro*. São Paulo: Saraiva, 1986.

——. *Do Agravo de Petição*. São Paulo: Saraiva, 1956.

CALMON DE PASSOS, J.J.. *Da Jurisdição*, Capítulo II, Editora Progresso, 1957. Salvador.

CHIOVENDA, Giuseppe. *A Função Jurisdicional, Instituições de Direito Processual Civil*, Vol. II. São Paulo: Saraiva, 1942.

ESTELITA, Guilherme. *Coisa Julgada*. Rio de Janeiro, 1936.

GUIMARÃES, Luis Machado. *Estudos de Direito Processual Civil*, 1969. Ed. Jurídica e Universitária.

LACERDA, Galeno. *Despacho Saneador*, 3. ed. Porto Alegre: Editor Sérgio Antonio Fabris, 1990.

——. *Revista do Ministério Público do Estado do Rio Grande do Sul* nº 19, Sobre a Ação Civil Pública, 1986.

LIEBMAN, Enrico Tullio, *Eficácia e Autoridade da Sentença e Outros Escritos Sobre a Coisa Julgada*. 3. ed. Rio de Janeiro: Forense.

——. *Revista Forense*, vol. 109.

MARQUES, Frederico. *Manual de Direito Processual Civil*. vol. III, 9. ed.

MENDES, João. *Direito Judiciário Brasileiro*. 3. ed. Rio de Janeiro: Freitas Bastos, 1940.

MENDES, João de Castro. *Limites Objectivos do Caso Julgado em Processo Civil*, São Paulo: Ática, Coleção Jurídica Portuguesa.

MICHELI, Gian Antonio. *Derecho Procesal Civil*. Vol. IV, traduzido por Santiago Sentis Melendo, Buenos Aires: Ejea., 1970.

NEVES, Celso. *Coisa Julgada*, São Paulo: editora Revista dos Tribunais, 1971.

PONTES DE MIRANDA, Francisco Cavalcanti. *Comentários ao Código de Processo Civil*, Tomo IV. Rio de Janeiro: Forense.

PORTO, Sérgio Gilberto. *Sobre a Classificação das Ações, Sentenças e Coisa Julgada*. vol. 61. Porto Alegre: Revista da Ajuris, 1994.

——. *Revista do Ministério Público do Rio Grande do Sul*. vol. 28, 1992.

——. *Da Tutela Coletiva e do C.D.C. (indagações e adaptações)*, vol. 30. São Paulo: Editora Revista dos Tribunais, 1994.

REZENDE FILHO, Gabriel. *Curso de Direito Processual Civil*, vol. III, 2. ed., São Paulo: Saraiva, 1951.

ROCCO, Ugo. *L'Autorità Della Cosa Giudicata e i suoi Limiti Soggettivi*. Tomo I, Roma, Societa Tipografica Arpinate, 1917.

SANTOS, Moacyr Amaral. *Comentários ao Código de Processo Civil*. Vol. IV. 6. ed. Rio de Janeiro: Forense.

SCHWAB, Karl Heinz. *El Objeto Litigioso En El Proceso Civil*. Trad. Tomas A. Banzhaf. Buenos Aires: Ediciones Jurídicas Europa-America, 1954.

Índice analítico

Ação declaratória incidental 93, 94
Ação cautelar 87
Acumulação alternativa 64, 65
Acumulação cumulativa 64
Acumulação eventual 64
Atividade administrativa 19, 20
Atividade jurisdicional 14, 18, 19, 20, 48
Atividade jurisdicional substitutiva 50, 71
Atividade substitutiva 56
Auctoritas rei iudicatae 52, 53, 54, 57, 63, 71, 73, 80
Autoridade da coisa julgada 24, 26, 31, 33, 45, 46, 49, 51, 52, 53, 54, 56, 57, 58, 60, 61, 67, 72, 74, 82, 102, 103, 104, 105, 106
Autoridade da coisa julgada material 86
Autoridade da *res iudicatae* 61

Causa de pedir 67, 68, 69, 70, 75, 81, 82
Causa prejudicial 77
Cautelar 87
Coisa julgada 15, 17, 22, 24, 26, 28, 29, 30, 31, 32, 33, 34, 35, 36, 37, 39, 40, 41, 42, 43, 44, 46, 47, 49, 50, 51, 52, 53, 56, 58, 59, 63, 68, 72, 73, 76, 78, 80, 81, 82, 83, 84, 85, 86, 87, 89, 91, 92, 93, 94, 104, 105
Coisa julgada absoluta 67, 68, 69, 70
Coisa julgada formal 22, 39, 40, 41, 43, 51
Coisa julgada material 22, 27, 39, 40, 41, 43, 44, 47, 49, 51, 60, 78, 86, 97
Coisa julgada relativa 67, 68, 69
Conteúdo da sentença 52, 53, 54, 55, 56, 57, 61, 101, 102, 104, 105
Conteúdo da sentença imutável 52
Conteúdo declaratório 26, 35, 59
Conteúdo sentencional 103

Decisão interlocutória 24, 86, 89
Decisão provisional 24
Decisão terminativa 49
Declaração 27, 35, 36, 53, 57, 60, 61
Democracia 14, 15, 17
Despacho de mero expediente 87
Doutrina materialística 35, 36
Doutrina processualística 35

Efeito 31, 32, 33, 34, 35, 36, 40, 42, 47, 48, 49, 50, 51, 52, 54, 55, 57, 58, 59, 60, 61
Efeito condenatório 57, 61

Efeito constitutivo 49, 57, 61, 106
Efeito declaratório 49, 57, 61, 102, 106
Efeito executivo 57, 61
Efeito executório 49
Efeito imutável 47, 50
Efeito mandamental 57, 61
Efeito negativo da coisa julgada 104
Efeito pan-processual 45, 104
Efeito positivo da coisa julgada 104
Efeito preclusivo 41
Eficácia 22, 27, 31, 33, 34, 37, 43, 44, 47, 48, 49, 50, 51, 52, 55, 56, 57, 60, 61, 99, 101, 104, 105
Eficácia condenatória 57, 61
Eficácia constitutiva 58
Eficácia constitutiva negativa 60
Eficácia da sentença 49
Eficácia declarativa 59, 60
Eficácia declaratória 32, 52, 56, 57, 58, 61, 102, 104
Eficácia executória 103
Eficácia imutável 52
Eficácia preclusiva 41, 42, 43, 84
Eficácia preclusiva da coisa julgada 71, 72, 83
Endoprocessual 41
Estado de Direito 14, 15, 20, 21

Função negativa 25, 44, 45, 57, 83
Função positiva 25, 44, 45, 46, 57, 58, 78

Impossibilidade de recorrer da Sentença 22
Imutabilidade 22, 32, 33, 39, 40, 41, 43, 50, 51, 52, 53, 85, 87, 93, 101, 104
Incontestabilidade 35, 53
Indiscutibilidade 22, 27, 50, 53, 67, 69, 85, 98, 101, 102, 105

Jurisdição 14, 15, 17, 18, 19, 20, 21, 22, 27, 28, 29, 46, 63, 103, 104
Jurisdição voluntária 17, 53, 54, 85

Legalidade 15
Legitimidade 15
Limite da coisa julgada 101
Limite objetivo 17, 42, 63, 73
Limite subjetivo 17

Mérito 30, 49, 75, 86, 93
Mérito da causa 59, 74, 101, 102
Modificação 26, 54

Ne bis in idem 29, 45

Obiter dicta 68
Objeto litigioso 63, 64, 65, 66, 73, 82, 83

Pan-processual 41
Ponto prejudicial 78
Preclusão 32, 39, 40, 41, 42, 43, 49, 86, 87
Prejudicial 73, 77, 95

Preliminar 73, 74
Pretensão material 64, 66, 82, 83
Pretensão processual 66, 82, 83
Princípio dispositivo 79
Procedimento 17, 19, 53, 85, 94
Processo 19, 21, 24, 28, 30, 32, 36, 37, 39, 40, 41, 42, 43, 44, 45, 49, 51, 58, 71, 73, 74, 75, 77, 78, 79, 80, 82, 83, 86, 87, 89, 95, 98

Qualidade 31, 32, 33, 34, 37, 40, 42, 43, 47, 50, 85, 101
Qualidade da coisa julgada 61, 73, 80, 92
Qualidade de julgada 61
Questão 71, 73, 80, 83
Questão decidida 25, 44, 45, 55, 63, 80, 83, 87
Questão fundamental 58, 75
Questão impertinente *(obiter dicta)* 76
Questão incidental 74, 75
Questão peremptória 75
Questão prejudicial 73, 74, 77, 92
Questão preliminar 73
Questão secundária ou instrumental 58, 75
Questão ultrapassada 76

Reconvenção 74
Rei iudicatae 25
Res iudicata 29, 37, 47, 50, 52, 93

Segurança jurídica 25, 71
Sentença 24, 25, 26, 27, 30, 31, 32, 33, 35, 36, 37, 39, 46, 47, 48, 50, 51, 52, 54, 55, 56, 57, 58, 59, 60, 67, 72
Sentença alternativa 85
Sentença cautelar 29
Sentença condenatória 27, 45, 50, 51, 53, 55, 59
Sentença constitutiva 25, 26, 27, 36, 51, 53, 54, 55, 56, 59, 101
Sentença continuativa ou determinativa 97
Sentença declaratória 25, 36, 53, 55, 56, 101
Sentença executiva 55
Sentença imutável 31, 33, 49
Sentença indiscutível 49
Sentença injusta 25
Sentença mandamental 55, 60
Sentença terminativa 85
Sentido formal 40
Substituição 18, 19, 20, 21, 55, 103, 104
Sucesso histórico 80, 81, 82, 83

Teoria materialística 37
Teoria processualística 37
Terceiro imparcial 18, 20
Trânsito em julgado 27, 40, 45, 52, 59, 71, 84, 106
Tutela cautelar 88
Tutela satisfativa urgente 88
Tutela substitutiva 51
Tutela urgente satisfativa autônoma 87

CONTEÚDO INTERNO DA SENTENÇA
EFICÁCIA E COISA JULGADA   **111**

Índice onomástico

ALVIM, Thereza   73, 77, 78
BARBOSA, Antônio Alberto Alves   42, 43, 45
BATISTA, Paula   46
BUZAID, Alfredo   47, 58, 79
CARNELUTTI   31, 80
CHIOVENDA, Giuseppe   14, 18, 30, 31, 42, 43
COUTURE, Eduardo   91
ESTELITA, Guilherme   32
GRINOVER, Ada Pellegrini   22, 39, 43, 44, 51
GUIMARÃES, Luiz Machado   40, 41, 42, 45, 71
HELLWIG   26, 27,   31, 32, 35, 51, 59
LACERDA, Galeno   85, 87, 93
LIEBMAN, Enrico Tullio   22, 28, 31, 32, 33, 34, 36, 39, 42, 44, 47, 49, 50, 51, 59, 60, 79, 92, 102
MARQUES, José Frederico   92
MELENDO, Santiago Sentís   63
MENDES, João de Castro   44, 46, 58, 67, 68, 69, 74, 75, 76, 77
MICHELI, Gian Antonio   17
MIRANDA, Francisco Cavalcanti Pondes de   56, 59, 60, 61, 98
MOREIRA, José Carlos Barbosa   26, 51, 52, 53, 54, 56, 71, 74, 84, 94, 95, 102, 105, 106
NEVES, Celso   24, 30, 45, 59
NIKISCH   65
PASSOS, J.J. Calmon de   13, 14, 18, 19, 20
PORTO, Sérgio Gilberto   103, 106
REZENDE FILHO, Gabriel   91
ROCCO, Ugo   27, 28
SANTOS, Moacyr Amaral   23, 25, 26, 31, 33, 34, 79, 87, 92, 94
SAVIGNY   24, 25, 75
SCHWAB, Karl Heinz   63, 65, 80, 81, 82
SILVA, Ovídio Baptista da   18, 28, 48, 50, 54, 55, 56, 57, 58, 61, 80, 81, 82, 87, 88, 101, 102, 106
SOUZA JUNIOR, Cezar Saldanha   15